AKA

Louis

L'Origine du Martyr

Entre Le Mensonge & La Danse, Sans Fin/s

...

Couverture, Textes et Artwork
Par AKA Louis
Éditeur : BOD – Books on Demand,
12 – 14 rond-point des Champs Élysées,
75008 Paris
Impression: BOD - Books on Demand,
Norderstedt, Allemagne

ISBN: 9782322220557

Dépôt Légal: Mai 2020

Entre Le Mensonge
X La Danse, Sans Fin/s...

Est_ L'Origine_
Du_ Martyr_

... *Qui_ Veut_*
*Le Bien_*

Qui_ Veut_ Le
Mal...

...?

AKA'

Je Vis_ Pour
Taire_

Que_ J'Ai_

Vaincu...

... *Je_ L'Esquisse_*
*En_*
Poésie/s... ...

'AKA'

J'_ Ai_ Trouvé_
L'Amour_
Au_ Beau_ Creux, des Dunes...

'AKA'

... La_ Fleur_ La,
Plus_
Drôle_

Est, le Salut_
Des_
Autres...

... ...

'AKA'

J'Aime_

*Pour_ Continuer_*

A_ Vivre...

'AKA'

Table des Matières

I/PREAMBULE

II/TEXTES POETIQUES

III/BIO X INFOS

J'Ai_ Vu_ des
Gazelles_

Fuir_ Les, Méandres,
Du Drame...

Je_ me Suis_
Dit_

*Qu'Être Poète_*

Était_ Salutaire...

'AKA'

*Il_ Y A_*
*Un_ Choix_ A, faire_*
*En_ Ivresse_*

Quand_ On, En Choisit_

Une_ On, Ne
*Choisit_*

Pas_ L'Autre...

'AKA'

Pré/Ambule/
Avant Propos/ Notes/
& Avertissement/s

Ce Livre Ne fait
Pas_ La Promotion_
d'Attitudes_ Dangereuses...

Mais Prône_ L'Art_ de Vivre,
X, L'Amour_ du Prochain...

/AKA Louis/

Le_ Cercle_ de_
La_ Corolle_ Infinie_
Est_ Un, Hégire_ X_ Un, Pèlerinage...

'AKA'

Je_ Suis_ Le,
Pèlerin_ de L'Amour_
Du_ Prochain...

'AKA'

*Le, Derviche_* Par, Son_ Art_
N'Est, Pas_ En_ Quête_ de
*Gloire_*

Mais de La, Fleur...

'AKA'

1/L'Origine du Martyr

L'Idée d'Un Ouvrage Intitulé
'L'Origine du Martyr',

Date de Très Longtemps.

Nous Avons Déjà fait Un Usage de,
L'Expression, Particulière, de ces Mots,
Dans d'Autres de Nos Œuvres, Et Notamment,
Dans Un Domaine Différent, Sous Un Autre Nom
d'Artiste...

Jusqu'A, Présent, *Le Moment, de Créer,*
Et *de Concevoir cette Œuvre,* Dans Son,
Idée, Originale, N'Etait pas Encore Venu...

Il, A, Fallu Mûrir, Le Projet, qui
Etait d'Envergure, Et qui Nous Tenait, à
Cœur...

La Proposition, Littéraire, de Créer,
Un Parallèle, *Entre Le Style de L'Ivresse,*
Et La Question du Mal, Peut Paraître, Un
Parasitage *de Cette Grande Tradition* Poétique,
Qu'Est Le Style, Bacchique, *Oriental, Et,*
Asiatique, Essentiellement...

Mais, Les Questions, Touchant Au Sacré,
Et Aux Convictions Profondes, Permettent,
De Dire, que ce N'Est Pas Le cas...
...

Cela, Le Sera, Encore, Moins, Si L'Effort,
Est Soutenu, Et Si La Démarche, *Et Sincèrement, Motivée, Par Une Pratique Concrète, Et Un Partage,* de Point de Vue, *de ce Que L'Ivresse Poétique, Peut Avoir, de Salutaire...*

Parler d'Origine du Martyr, C'Est Parler d*u Mal. De La Chair, de L'Amour, de la Vie,* Et de La Poésie... Car La Poésie Est le Monde de L'Âme...
Et L'Âme, A Victoire Sur La Cause, Et L'Origine.
Et, C'Est la Poésie, qui *Permet de Vaincre, La Peur...*

Et d'Accorder, Une Gloire, Humble, Aux Lettres, Et Aux Versets...
Car, Il, N'Y A pas de Gloire, à Mourir Pour, Quelque Chose... Mais Il Y a, Une Gloire, A Aimer, Au Delà de Tout...

Ce Livre, Est Donc, *Une Proposition, Poétique Particulière,* dans Notre Bibliographie, Et *Cheminement, de Partage,* Poétique...
Dans Un Contexte, Moderne, Et Actuel... ...
C'Est Également, L'Occasion, de Rendre, Hommage, A Ceux qui Nous Ont Guidé, qu'Ils Soient, Ici, Ou Déjà Partis. *Ils Sont, Vivants, A Présent. Sans Que La Mort, En Soit Honorée... Mais La Fleur de Vivre... Seulement, Et, Uniquement...*
Entre Le Mensonge, Et La Danse, sans Fin/s,
Il faut Mourir, Ou Danser, Jusqu'A faire Fleurir Son Cœur...
Et Laisser Son Âme s'Envoler.

2/Poésie/ Style X Ivresse

Les Poèmes de *L'Origine*
du Martyr,

Et de Nos, Ouvrages, Antérieurs,
Et Récents. En Particulier,

Sont Une Invitation,
A Lire Plus Loin, que
La Ponctuation, Et L'Écriture...

Le Trait de La, Calligraphie,
Du Monde, de L'Âme,
Et des Horizons, Autres,

Et, Différents, Pour
Apercevoir, Une Issue, Poétique.

Les Jeux de Sens, De Lettres,
De Ponctuation/s,

De Mots, de Textures, de
Sonorités,
Et d'Imprévu/s,

Ne Sont. Là, que Pour
Inciter, à Voir,

Le Réel, de Manière, Plus
Juste...

C'Est, Un Parti Pris Poétique,
Particulier, de Donner, Au
Maniement, du Langage, Une Dimension,
Qu'Il n'a Pas...

De Faire Naître, Les Mots, *En Improvisation,*
Verbale... Pour Les, Transcrire, Ensuite,
Sans Jamais Vraiment, Les Fixer, Dans
La Vie, de Leur/s Musique/s...

Et de Leur/s Sonorité/s, à L'Oreille...

Un des Objectifs, Est de Rendre, Compte,
De ce que L'Ivresse Peut Être, Au Moins
Sur Un Plan, Artistique, Puis, Humain, Et,
Poétique, Pour que Le Réalisme, Prenne Une
Autre Dimension, Et Allure...

La Poésie, N'Est Donc pas qu'Un Simple,
Jeu... Mais *Une Voie d'Expérimentation/s,*
Et de Pratique Très Concrète...

Où, La Part de Jardins Clos, est, Présente,
Mais Où Le Partage, Signifie, Beaucoup,
Également...

La Poésie, N'Est Donc, pas Autre, Chose,
Que Le Réel, Lui-Même, Et sa Capacité,
A Rendre Compte de sa Richesse, Comme,
de Sa Complexité, Le Prouve, Et fait sa Valeur,
A Travers Le Temps, Et, Au Delà de L'Époque,
Comme, En Son, Sein... ...

3/Avertissement/s

Ce Livre N'A pas La Prétention, de
Rivaliser, Avec Les Classiques, de La
Littérature, Persane, Arabe, Orientale, Ou
Asiatique.
Il s'Agit d'Une Œuvre, qui A Son, Style Propre,
Mais Qui Rend Hommage, Aussi, Et Avant Tout.

Car L'Époque Est Trouble...
Même Si Cela, Semble Avoir Été Le Cas,
Pour, Presque, Chaque, Génération...
Si L'On Peut Dire, ce Que Le Monde,
Est, Et ce qu'Il N'Est Pas...

Si L'Existence, Et L'Inexistence,
Ont, Pour, Aventure, de Révéler,
Leurs Dimensions, Profondes...

Sans Craindre, *Les Abymes, Et Gouffre/s,*
De L'Errance, Et de La Folie...

... ... Parler Le Langage de L'Âme,
Est En Quelque Sorte, Une Médecine...

Est, La Poésie, *Est L'Art, de Parler,*
Le Langage de L'Âme...

Dans Sa forme d'Inspiration Asiatique,
Ou Dans Leurs Dimensions,
Orientales, Et Asiatiques, Propres...
Et, Authentiques...

L'Intention Première, Est Une Chose...
Mais L'Audace des Lettres, En Est Une Autre...

Il, Y a Beaucoup de Provocation/s dans Nos
Œuvres, Mais Toujours Pour des Raisons,
Éducatives...

Ce N'Est, Jamais, Méchant, Et Nous Avons
Toujours,
*Un Respect Profond, Pour Les Mondes Et, Les
Thématiques, que Nous Abordons,* Même, si,
Le Plaisir, Et La Volonté de vivre, Est de Continuer
A Vivre, *Et Aussi, Le Début, de Notre Démarche,
Originale d'Ecrire, Et de Partager...*

C'Est, Un Hommage A La Vie, que de Pratiquer,
La Poésie, Et C'Est ce qui fait De La Poésie,
Une Pratique Et Un Mode de Vie,
Autant qu'Une Approche, *d'Âme Et de Cœur,
Mais Aussi d'Humanisme,*
Loin de Toute Mauvaise Foi...

La Mauvaise Foi, Est à L'Origine du Martyr,
A Cause de Son Obstination à Vouloir Avoir Raison.
La Poésie, Libère, des Pièges de L'Intellectualisme,
Pour Nous Inviter à Goûter La Vie,
Et A La Chérir Pour de Vrai.

La Démarche de La Poésie, N'Est
Pas Religieuse,
Mais Elle Offre, des Perspectives,
En Termes de Visions du Sacré, Et de
L'Âme, Dans Son Monde, Et Univers...

4/A Propos de Style

Nos Textes n'Ont Pas de Prétention à La Sagesse, ou Aux Sens Cachés. Ils Constituent, Avant Tout une Invitation, à Vivre, que Nous Transmettons, après l'avoir Nous Mêmes Reçue. Nous Ne Faisons qu'évoquer des Aspects Culturels, Accessibles à Tout Le Monde, et à Celui, En Particulier, Qui Sait se Frayer Un Chemin, Malgré Les Apparences Trompeuses. La Dimension Allégorique et Métaphorique des Textes des Poètes Orientaux, est Faite Pour Éveiller la Jeunesse, et Lui Permettre de Trouver Un Espoir et Une Issue. Derrière la Façade des Plaisirs, et de la Licence, Apparentes Seulement, ce Sont Les Plus Grands Thèmes, et Les Tensions Existentielles Les Plus Épineuses, Qui Sont Évoquées Et Résolues par l'Ivresse. Sans Pouvoir Atteindre l'Intensité et La Noblesse de cette, Ivresse Pieuse, Nous Avons Choisi à Travers Nos Œuvres, Le But de Perpétuer Un Certain État d'Esprit, en l'Actualisant Avec l'Ère Moderne et le Style Contemporain. Les Fondamentaux du Langage soutenu Sont Là, Mais la Fantaisie, N'est Pas Absente... L'Ivresse Poétique, N'est Pas Seulement
Un Domaine, de Lettres, Mais Aussi
Une Discipline de Vie...

(Dans ce Livre, La Question du Narrateur, Reste Posée. Mais Ni L'Auteur, Ni Le Lecteur, Ne Sont Obligés d'Y Répondre)

5/Résumé de cet Opus

Que Peut-On Entendre Par
'Origine du Martyr'...? Et Que
Peut-On Entendre Par 'Origine', Ou Par
'Don de Soi'...?

L'Origine du Martyr, Pose La
Question, de Savoir, Où Commence
L'Amour, Et Où Finit Le Mensonge...
Le Néant de Songes, Met L'Individu Face
A La Cruauté de La Vie. L'Ivresse, de
La Poésie, Lui Propose Une Issue...
Dans Le Maelström de L'Impasse...

A Travers, 189 Textes Poétiques,
Et Un Texte Thématique, AKA Louis
Nous Offre, Un Aperçu du Tourment
Charnel, d'Une Question Existentielle
Épineuse... Là, Où La Mauvaise Foi,
N'A Pas Fini de Nous Défier d'Être
Honnête... Et de Prouver Notre
Prétention A Aimer...

Cette Œuvre, Est, Nécessairement
Incomplète, Car Le Sujet Est Trop,
Vaste... Mais L'Élan, Et Le Tracé de La
Plume, Témoigne, de La Force Brute,
De Cet Objet Poétique, Comme Attestation
De Vie Et de Lumière, Et de La
Liberté qu'Il Nous Reste, Malgré Le
Drame Et La Tragédie...

6/La Ponctuation Dans Le Texte

Virgule/, : Une virgule marque un léger temps d'arrêt. Idem pour une coupure : (...)
Points de suspension/ ... : Les points de suspension marquent environ deux temps d'arrêt et de silence.
Doubles points de suspension/ ... ... : Deux groupes de points de suspension marquent environ quatre temps soit une mesure d'arrêt.
Saut de ligne : Un saut de ligne marque une pause, bien sentie. Un saut de deux lignes marque une double pause, bien sentie. Un grand tiret/ _ : Un grand tiret marque une pause subtile, avec appui sur la dernière syllabe. Retour à la ligne : Un retour à la ligne marque un rejet d'un mot, mis en valeur au début du vers suivant, avec un appui sur la fin du vers précédent. X ou x : Un « x » signifie « et ».
Tempo : La durée des temps d'arrêt ou de silence se détermine par rapport au tempo de la lecture. Ce tempo est celui d'une lecture « normale ». Elle est plutôt vive et rapide, mais laisse place aux mots. //
La rythmique des textes n'est pas toujours évidente, mais elle est bel et bien présente. Le Lecteur doit retrouver la dimension verbale, et musicale poétique, et accéder ainsi à la Signification Interne.
Ces éléments de ponctuation ne sont que des indications. Leur utilisation relève parfois, aussi, de l'esthétique. L'emploi inhabituel des majuscules est pure Licence Poétique, et ne doit pas dérouter le Lecteur.

7/Notes de Lecture

Un des Objectifs de Ce Livre, A Été,
d'Aller Plus Loin, que d'Habitude, En Termes
d'Expérimentations du Langage, Et d'Audaces des
Lettres...

Ce Livre, N'Est pas Difficile à Lire, mais,
Réclame de L'Attention...
En Particulier Aux Lecteurs, Non Habitués,
A Notre Poésie, Autant qu'A des Formes Poétiques,
d'Inspiration Orientale...

Classiques, Ou Modernes...

Les Jeux de Lettres Et de Ponctuation/s,
Sont Une Nouvelle Liberté, prise, Mais Aussi,
Une Audace Poétique, qui A Une Dimension,
Artistique, Particulière...

Des Réflexions Profondes, Sur Le Langage,
Pourront, Être, Menées, Mais Ce N'Est Pas Le Plus
Important, Ici...

A Chaque fois que Nous Abordons des
Thématiques,
Majeures, Nous Le faisons, En Artiste, Et Non,
En Intellectuel...
Nous N'Avons Pas La Prétention de L'Être,
Même Si Nous Savons,
Que des Bases, En Termes de Formation/s,
Peuvent Être, Un Atout Majeur,

Dans Les Domaines, des Cultures,
Alternatives, En Particulier.

L'Essentiel de Nos Outils de Recherches,
Nous A Été, Offert, Par Notre Cursus,
Scolaire, Et Universitaire...

Nous savons ce que Nous Devons,
Largement, Aux Professeurs, Et,
à L'École...

Et Nous Leurs En Sommes,
Profondément, Reconnaissant...

Nous Savons Aussi ce Que Nous,
Devons à La Vie,
Même Si Nos Prises de Risques, Ont Pu,
Nous Coûter, Cher...

Nous Rendons, Hommage, Aux Personnes que Nous
Avons, Connues, Et Qui Nous Ont Appris,
Humainement, quelque Chose...

Nous Savons que Rien, N'Est, Possible,
Sans Amour du Prochain..

Ni Sans Pardon, Malgré, La,
Difficulté... Considérable.

La Prière N'Est pas Donnée, A Tout Le Monde.
Il faut Y Croire, Et Mériter d'En,
Acquérir La Science. C'Est Une Démarche Longue.

Nous Avons Appris A prier, Avec Les Poètes,
Et Nous Leur Rendons
Également Hommage, dans ce Livre.

Dans ce Livre, Le Mot *Foulard* a Le
Sens de *Chèche.* Il N'Y a Pas d'Ambiguïté,
Même Si, La Polysémie, Aggravée, Est Notre
Habitude. La Mention de Personnages,
Religieux, N'A pas d'Intention,
Blasphématoire. Nos Intentions Sont Justes.

Certains *Verbes,* Sont, Employés Une Fois Unique,
Pour *Deux Phrases...*

L'Usage de La,
Ponctuation, Est, Inhabituel...

Il_ Y A des Libertés, Prises,
Avec_ la Langue Et La
Grammaire... Ou, Un Certain Nombre,
de Licences Poétiques...

Des Conseils de Lectures, Concernant,
Les Meilleurs de Nos Ouvrages,
Sont Disponibles, En Fin de Livre.

#Martyr #Origines #Origine #Temps
#Originel #Mausolée #Pèlerinage #Mort #& #Vie
#Salut #Et #Enfer #Questionnement #&
#Interrogation #Poesie #Bacchique #Orient #Perse
#Asie #ExtremeOrient #Apaisement

L'Origine
du Martyr/
189 Textes Poétiques

Qui_ Viendra_
Dire_

Au_ Mufti_ des,
*Malappris_*

*X, Au_ Sultan_ De_ L'Ivresse_*

Qu'Être_ Ivre,

N'Est Pas_ Une, Poésie...

... ? ... ?

'AKA'

*Je_ Suis_ L'Imam_*

Des_ Paradoxes_ Empourprés...

Je_ T' Avertis_

De_ *Ne Pas_ Tomber_ dans*

_ Le Drame...!

Sois, Ivre_ X, Sois Poète...

'AKA'

1.

I/

Les_ Corolles_
De Roses_

Sont_ Drôles_

... L'Overdose_

De_ Terribles,

Cicatrices_

De_ Sentiments,

_ Avertissent_

En_

Paradis_ X, En

Drames...

II/

Je_ Suis_ Arabe_
Par_ *Le, Vin_ X_ L'Ivresse.*

'AKA'

2.

I/

Le Dernier des
Voyages Vers, L'Amour

Vers_ La Mort

Le Retour_

Vers, L'Origine,
Espérée_ Puis_

Trahie_

Ne Vaut La Sentence

D'Être_ Humain_ A
Jamais...

'AKA'

II/

Quand On Vient,
Au_ Bord_ du Lac_

On_ Voit_ des Cygnes...

'AKA'

3.

I/

Pour Un Soupçon_
De Ton_ Parfum

Une_ Embrassade_
De Tes_ Lèvres...

Je me Sens_ Le
Plus Courageux_ du
Monde_

Affrontant_
Meurtre_ Trône_ X Fracas...

Je Ne Suis_ qu'Un
Abruti_

Cherchant Les Oiseaux,
La Lumière_ X, L'Aube...

II/

Un_ Cygne_ de L'Aube_
*A_ Croqué_* Une
Fleur_ En Son, Sein....

Était-ce_ Ton Cœur...?

'AKA'

4.

Si_ La Divinité_
N'Existe Pas...

X Que_
L'Origine_
Du Martyr_

N'A_ A Se
Révéler...

Je N'Ai_ Plus_
Qu'A m'Abîmer_ dans
La Prière_ x Les
Arabesques
de Mon Tapis_

Car_

... Les Fleurs_
Y Sont
Tracées_ Par L'Exil

X, Le Refuge_
Délimité_ Par La Foi
De L'Ivrogne...

Le Verre_ de Vin,
s'Offre_ A moi...

'AKA'

5.

Être Libre... C'Est
Rallier_ La Poésie,

Le Dilemme_ des
Origines_
N'A_ pas Vu_
L'Effroi_ de
L'Impasse_

Qu'Il_ Recèle_
En Lui_

Au_ Nom_ de
L'Amour_ Déjà,
Vaincu_

X_ Du Rire_
Masqué_ de La Vertu
Sans Humour...

... Bois_ La Coupe_
Interdite_ X Le Goût,
Du Vin_
T'Offrira_

Corolles_ X_
Pardon/s_ Inattendus_

Au Séjour_ des Poèmes_
En Constellations...

6.

Il_ N'Y A pas
D'Horizon_ des
Origines_ Dans Le
Désert...

Ton_ Frère_
Est, La Seule_
Preuve que Tu Es_
Alors Que Tu N'Es
Pas...

Je_ Suis_ Un
Arabe_ Devant_ Dieu_

Je_ Suis_ Celui
Qui s'Evanouit_

Dans L'Obscure_ Clarté
De L'Aurore_

Pourpre_ X_ Or/s...

... J'Ai_ Le Sabre_
De La Poésie_

X_ La Beauté_ d'Un
Vêtement Blanc...
De Liserés_ Floraux, Ornés...

'AKA'

7.

Dans_ Le Désert_
On Est_ Tous_
Un...

On_ Est, Pas
Deux...

Le Vin_ des Oasis,
Évanouit_
Les Mirages...

Je_ Pars_ En,
Poésie/s_

Sur_ Le Chemin_
Du Pèlerin_

Sans Retour_

Là_ Où_ Les
Bédouins_ Vivent_
De Cœur_ X d'Eau_
Fraîche_

Éblouie_ Par L'Aube
.. ...

'AKA'

8.

I/

Exilé_ dans Le
Désert_

J'Erre_ Entre
Deux_ Mirages...

Entre_ Deux_
Éclats_ de L'Aurore

Une Coupe_ de Vin
M'Est_ Apparue...

X_ J'Ai_ Vu_
L'Ivresse_

m'Emporter Au Loin...

X_ J'Ai_ Vu_
L'Al_ Khôl_ m'Offrir
Corolle/s X Visions...

... De L'Un_ X,
Unique...

'AKA'

9.

I/

Aux_ Pieds_ des
Corolles_ du Désert

J'Ai_ Vu_
L'Origine_ du
Martyr...

L'Appel_ des
Oasis_ du Temps

m'A_ Fait_ Boire
Un_
Verre_ de Vin,
Pour Oublier...

... ...

II/

A L'Orée_
Un Cygne_ de L'Art_
Entonne_ Un Dernier_
Chant_

De L'Aurore_
Abhorrée_ Par, Les Ténèbres...

'AKA'

10.

I/

Entre_ Deux_
Origines_ Je N'Ai_ Pu_ Choisir...

Alors_

J'Ai_ Pris_ Parti,
Pour Une Forme_
De_ Fraternité...

En_ La Coupe_ de
Vin_ X L'Arabisme_

Azurés_ de Pourpre/s
X_ d'Or/s...

Réside_ Mon Salut.

Sois_ Le Bienvenu_

En_ Vertu_ des
Horizons_ du Désert...

II/

Le_ Temps_ Originel_
Sans_ Origine/s_ Est Un Oubli.

'AKA'

11.

I/

La Chorégraphie_
des Colombes_
Provoque_ La Transe
X_ L'Étourdissement...

Mais_ Le Prodige_
De L'Horizon_
Est de N'Être qu'Un.

Entre_ Une
Origine_ X, Une, Autre_

La Voie_ du
Paisible_ Est dans
L'Amour_

Le Séjour_ du_
Velours_ de La Poésie
X_ de Ses Bienfaits...

'AKA'

II/

Le_ Temps_ Originel_
Sans_ Origine/s_ Est Un Désert_
Fertile...

'AKA'

12.

Bois_ Avec
moi
Un Verre de Vin,

Afin_ d'Effacer Tes
Larmes de Sang

Bois Avec moi
Cette Coupe Afin
Que Le Sang Ne coule
Jamais, Plus.

La Grâce d'Une
Colombe
Est de s'Envoler,
Libre, de Par La
Volonté
De Ses Ailes...

Avec Le Risque
De Perdre Ses Plumes,
Mais Jamais_

Sa Liberté...

'AKA'

13.

A L'Abri_ des
Horizons_ de
Persitude_
X d'Arabisme

J'Ai_ Les
Meilleurs,
Thés_
J'Ai_ Les
Meilleures, Feuilles_

X_ Épices_
De Recueils_ de
Poésie/s_

Sous Le Manteau_

Aperçu/s_ d'Une Vie,
Trouble_
De Derviche/s...

Abstruse_ X, Riche_

En_ Inattendu_ X,
Dimensions_ Parallèles...

Trop_ Réelles...
D'Un_ Cœur_ Éprouvé.

'AKA'

14.

Ô, Fleur_ Éclaboussée,
De Sang...

Ô, Fleur_ qui
Guérit_ Issue_
Du Vin...

Aguerri_ Par
L'Ivresse,
X_ Le Temps Pourpre

Sans Renoncer_
A L'Aurore_ qui
Fait s'Evanouir_

Les Fruits_ Étranges

X_ Les Procès_
Avortés...

... Je me Demande_

Si Celui_ qui N'A,
Pas Été_ Lynché_
Est Encore Un Nègre...

?

Des Amateurs...?

15.

Argot/s_ de_

Derviches...

Slang_ de Sûfi_
Dingue_
De_

L'Art_

De_ Calligraphier_
Les_
Corolles_

En_ Esquisse/s_

... Proposent_
De_
Méditer_ Sur_

Un_ Paradoxe_

De_ Mondes...

... *X,* Les_ Éclosions_
d'Univers_
N'Ont_ Pas Fini_ d'Intriguer...

'AKA'

16.

I/

Entre_ Prestige
X, Misère/s...

... Entre_ Oasis, X
Mirage/s...

Hagard_

J'Erre_

... Exilé_ Dans Le
Désert_

Enivré_ de
Question/s...

X, Soul_ des
Parchemins_ de
L'Extase/s...

Sur_ Les Dunes_
X, Combes_
Sans Fin/s_
De L'Egarement_ .
Ecrits

Je me Dis_

Qui es-Tu_?

Pour me Dire_
Que Le Mot_ *'Frère'*_
Est_
Un Maux_ de Trop...

???

'AKA'

II/

*Sois_ Vertueux_* Devant,
Le Cygne_

Son_ Vêtement_ Est,
Blanc_ *Mais_ Ses Yeux_*
Sont_ Sertis_ de Khôl...

III/

Entre_ Le Rapt_ des
*Origines_*
X, La Trahison_ *A Prix_*
d'Or/s...
... *Je Bois Pour_ Oublier...*

'AKA'

17.

Comme_ Un_
Poète_
Persan_ Sombre...

Je_ me Perds_
En, des_
Aquarelles_
Calligraphiques_

De_ Fleurs_
Stylées... ...

Ou_ Dans_ Le
Déluge_ de Flots_
D'Ivresse/s_

Contenu_ Dans,
Un_ Verre_ de Vin_

X_ Médite_
En Esthète_

Du_ Salut_ Par_ L'Art,
De Vivre_

Sans Pour_ Autant_
Médire_
Sur L'Humble_
Souhait_ de Se Recueillir

'AKA'

18.

Avec_ La Coupe_
De Vin_ X, L'Ivresse
Pour Fraternité...

Il_ N'Y A, pas
De Raison_ que Je
Laisse_ Couler_
Le Sang...

Il_ N'Y A pas
De Raison_
Que_ La Beauté_
Empourprée_

Ne Suscite_ Aube/s,
X, Aurore/s_ X
Contentement/s...

Même_ Au_ Milieu,
Des Ronces_ X, des
Risques...

Même_ Au Milieu_
Des Roses_ X de Leurs
Épines... ...

'AKA'

19.

Je_ Verse_ Le
Vin_ Mais,
Je Ne Verse_
Pas Le Sang...

Je Prie_ Empreint,
D'Ivresse_

Sur_ Un Tapis,
Élégant_

Serti_
d'Arabesques_

En_ Rosaces_ X,
Fleur_ de Lys_

Tels_ Une_
Esquisse_ de Paix,

X, de Supplices_

D'Aimer_ Trop,
Loin_

Pour Prévenir_ La
Guerre... ...

'AKA'

20.

Si_ ce N'Est
Lui_ C'Est Donc
Son Frère

... Mais Je Ne_
Prendrai_
Un
Frère Pour Un Autre

... Si Ce N'Est_
L'Autre_ c'Est Donc
L'Aurore_ d'Un
Instant_

... Bois Donc_
Un Verre_
X,
Honore_ Le Vers
Qui Rend_ Libre...

Bois_ Donc_ Ô,
Frère_ X,
Prie_
Sans_ Hésitation/s_

Même_ Amer_ X, Incisif...

... ...

'AKA'

21.

Comme_ Si_
J'Avais_ Appris_
L'Arabe_ En,
Secret...

Comme_ Si_
Les Fleurs_
Étaient_ de Pourpre/s
Évanescents...

La Descente_ d'Al
Khôl_
M'Étourdit_

Mais_ Jamais_
En Vain_

Afin_ que Je Vois,
Par_ Le Cœur_
Mais Les Yeux_ Clos.

L'Esprit_ Serein_
De s'Evanouir_ En
Paix... ...

... ...

'AKA'

22.

I/

Comme_ En Un
Horizon_ Perse_
De_
Défiance_ X,
De Clarté...

Je Bois_ A Même,
La Lune_
En Sa Courbe_
Creuse... ...

Je Saisi_ L'Instant,
Présent_

Dont Le Certain,
Est_ Asserti...

Je_ Danse_ Étourdi,
Jusqu'A_
L'Ivresse_
Du Tourment... ...

II/

Un_ Cygne_ de L'Aube_
*X, L'Aurore_*
Déploie_ Ses Ailes...

'AKA'

23.

I/

Sabrées_ Sont,
Les_ Catastrophes_
Issues_ des
Origines_ En_
Catalepse/s... ...

Je Suis_ Un_
Ivrogne_

Pas_ Une,

Divinité...

... Courbé,
Prosterné_

Puis_ Pensif...

Je_ Pose_ Mon
Front_ Sur_
Le_ Velours_ des
Fleurs_

Dont_ Un Tapis_
Est_ Marqué_

Pour Accueillir_
Les Plus Prudes_
Des Tourments_

Doux_ X. Imprévisibles

'AKA'

II/

*Pourquoi Un Cygne_*
Vaudrait_ Il, Mieux_
Qu'Une Parole...?

*Demain, L'Aube_*
Jaillira_ du_ Néant_!

III/

Je Mange_ des Raisins_
*En_ Compagnie_*
de Jolies...
... Serein_ *Je Compte_ X,*
Saisis_ Chaque_ Perle...

'AKA'

24.

Tu_ Peux_ Être,
de L'Origine_
Que_ Tu, Veux_

*C'Est Le Cœur_*
Qui Parle_

C'Est Les_ Larmes,
Qui Perlent...

*X, Le Silence_*
Fait_ Parole...

Éclot_ Les,
Corolles_

En Arabesques_

... *Pour que Plus_*
*Jamais_*

On_ Est_ A, Dire,
Que_ Tu_ Es_
D'Ici_ Ou de Là...

... ...

'AKA'

25.

Proches_ Tels_
Deux_
Frères_ qui se
Trahissent_

Lointains_ Comme,
Deux_ Amis_
Qui s'Aiment...

Il_ vaut_ Mieux_
Que Nous_ Ne_
Sachions_

Qui Nous Sommes,
L'Un_ Pour L'Autre...

Comme_ Deux,
Oiseaux_

N'Ayant_ Volé_
Pour_ Ne Boire_ La

Rosée... ...!

'AKA'

26.

I/

La
Corolle_ Ivoire,
Empourprée_

En_ Calice_
D'Étourdissement_
Sans Fin_

A Vu_ Le Derviche...
Danser_ Jusqu'A
La Transe_

... Des Aurores_ de
Nuit/s_

En Fractales_ De
Tourments_

.... Par_ La Beauté,
Des Perles_ Sans
Nombre_

X_ L'Ivresse, Si_
Traître_

Des Pétales...

... Qui_ Pourra_
Résoudre_

L'Équation_ de La
Blancheur_ Étrangement,
Nègre... ...?

'AKA'

II/

Le_ Poète_ Est,
Le_ Cygne_ *des Clartés*
*D'Arabesques_*

Ses_ Yeux_ *Sont_*
Calligraphiés_ de Khôl

'AKA'

III/

Le Premier_ Homme,
Parlait_*En, Rythme_*
X, En_ Versets...

Il_ Invoquait_
Les Astres Purs x
*Les Oiseaux_*

'AKA'

27.

Abreuvé_ de
Miel_ X, de Fleurs_

... Pourpre/.

Du Tournis, Rythmique_
des Sauterelles...

... Alternative_
Tranchée_ de La
Peur_

*J'Opte_ Pour_*
L'Audace_ Enivrante,
De mon Optimisme...

En_ Équation_
Imprévue_ de L'Art,
X_ du Poétique_

Parlant_ Aux_
Dunes_ Ivre, de
Combe/s_

Fou_ X, Gesticulant_

Seigneur_ du
Désert_ Comme, *Jean_*

'AKA'

28.

Ivre_ du Désert_
Comme_ *Jésus_*

J'Entrevois_
Des Mirages_
Étourdissants...

Je me Précipite,
Vers_ Un_
Verre_ de Vin...

Pour Faire_
Fleurir_
L'Accalmie_ des
Cœurs_ Doux...

Pour Faire_ Fleurir_
La Grâce_ d'Une, Colombe_

Tel_ Un_ Parfum,
d'Art_ qui
Déploie_ Ses Ailes

Tel_ Un Cortège,
*D'Étoiles_*
*En Arabesques_*

X, Calligraphie_
De Fleurs_
D'Ivresse_ X_ Perdition/s... ...

29.

Comme_ Si_
La Condition_
Humaine_ Était_
La Solitude...

Comme_ Si_
Les Dunes_ X_
Combes_ Étaient,
Promptes_

A Réchauffer_ Les
Cœurs... ...

Je Contemple_
L'Horizon_
Blotti_ En, Étoffes
De Nomades...

Sabre_ En Biais_

Ivre_ du_ Désert,
Comme *Jésus*...

'AKA'

30.

Les Villes_ du
Ghettos_

Sont_ Comme_
Celles_ du_ Désert

Les_ Oasis,
Comme_ Un Verre_
X, Étourdissement,

De Catalepse/s...

Vêtu_ Largement,

J'Erre_ A_
L'Affût_ des_ Pas
D'Une_ Gazelle...

Afin_ de Respirer,
La Gràce_ de La
Liberté...

31.

Il_ N'Y A_
Pas de Héros_
Comme_ *Ali*...

Il_ N'Y A_
Pas d'Horizon_
Pourpre_
Tel_ Le Cœur_
Ailé...

L'Ivresse_
X, La Chorégraphie,
Des_ Derviches_

A_ Raison_
D'Être_
Pour_ Les_ Sans,
Salut_

Le Sabre_
Tranche_ Les Méandres
Des Ténèbres...

'AKA'

32.

Tranchant_ Le, Charme

Esquissant_

La_ Voie_ de L'Oubli

En_ Corolles_
De_
Graves_ Délires_

De_ Beauté_ Écloses,
De_
Pourpres_

Je_ Consomme_ Le,
Vin_ des

Passionnés... ...

L'Opium_ de L'Art,

L'Art_ du Peuple,

La Drogue_ des Avertis

'AKA'

33.

I/

Je_ Veux_ Boire, Un Vers_
D'Al Khôl_
X, Lire_ Le Livre,
Ciselé...

M'Étourdir_
De Calligraphie_

Prier_ Ivre_
Mort_
De Fleurs_

Sur_ Tapis_
d'Arabesques, Orné/s_

Grave, de_
L'Éblouissement_

... De La Cuite_
D'Aurores_

X_ d'Aube/s_ de La
Danse...

Les Étoiles_ Pour
Toit_
X Les_
Dunes_ Pour Mosquée...

/En_ Écoutant_ La Brise_
M'Appeler_ Au_
Recueillement...

X_ A L'Envol_ de L'Âme/.

'AKA'

II/

Un Cygne_ de L'Autre,
Est_ Venu_ me Voir...

... Je N'Ai_ Pas Cru,
Qu'Il Désignait_ Un
Coupable...

Ai-Je Eu_ Tort_?

III/

Dieu_ N'Est_ Pas En, Amour...

Les Fleurs_ *Ont, Raison_*
*De Tout_*

34.

Tu_ Vis_
Dans_ Le Désert_
X, Tu Ne_
Parles_
A_ Personne...

Les_ Scorpions_
Se_ Courbent_ Sous,
Tes Pieds...

Ô, Frère...!

Toi, Qui_ A Tant_
Bu_ Le Vin_ des
Mirages...

Dis_ moi_

Qu'Est-ce qui_
Te_ Différencie_
D'Un_ Prince...

... ...?

'AKA'

35.

Je_ Ne_ Suis,
Pas_ Mort_
Pour Avoir_ Bu,
Un Verre_ de
Vin...

Mais_ Je_
Succomberai_ Pour
Avoir_ Cueilli_
Les_ Pétales, d'Une
Fleur...

Ô, Viens_ Par,
Le Temps_

Onirisme_ Du
Vent_ des Dunes_ X,
Des Plaines_
Désertiques...

Le_ Néant_ A_ Pour,
Trône_

Un Horizon_ de
Clarté/s...

'AKA'

36.

Je_ Suis,
Perdu_ Comme_ Un,
Prince...

Je_ Suis_
Enivré_ de Songes,
Comme_ Un Émir...

... Parcours_ Le,
Désert_

Ô, Frère_

Ô, Âme_ Égarée_
Dans, Le_ Temps...

Les Secondes_
N'Ont_ Pas Trouvé_

Dans L'Essence_

Du Parfum_ des
Dunes_
Un Instant_

De_ Repos... ...!

'AKA'

37.

Comme_ Un_
Prince_
A Qui_ Le Monde,
S'Offrirait_

Pour_ Un_
Claquement_ de Doigts...

... J'Abandonne,
Tout_

Pour_ Suivre_
Les pas_ des
Gazelles...

En_ Espérant_
Trouver_
L'Oasis_ de La
Solitude...

X, m'Enivrer_ de
La Beauté_ d'Être_
Seul_
En Dunes_ X, Lune/s_

D'Astre_
Courbé/e/s... ...

'AKA'

38.

I/

Demain_ On, Porte_
Tous_ Le
Foulard_ X, Les
Étoffes_ du Désert...

Les_ Fleurs_
Éblouissent_ Les
Clairières_

Des_ Oasis...

Les_ Frères_ Sont, Des Princes_

D'Arabie/s... ...

'AKA'

II/

L'Al_ Khôl_ des Cygnes_
Est_ Une Rose_ de

Lagon_

Il_ Y Perle_ Une,
Rosée_ De Miel... ...

'AKA'

39.

Les Frères_ du
Ghetto_
Sont_ des Princes_
Du_ Désert...

Les_ Marges_ de
L'Urbanisme_
N'Existent_ Pas...

Je_ Suis_ L'Ivre, De Bonté...

J'Ai_ Compté_
Les Perles_
Jusqu'A_ L'Ivresse

Entourbée_

X, Les_ Pétales_
De_ Fleurs_
M'Ont_

Offert_ Le Vin,
De L'Aube_
En Brins d'Essences...

X, de Parfum/s_
Grave/s...

... ...!

40.

J'Ai_ Vu, Les
Entre-Dunes_ du
Désert_
Se, Transformer_
En Fleurs_

J'Ai_ Vu, La
Lune_

En_ Beauté_ de
Constellation/s_
D'Étoiles_

Ivre_ du Vin, Des
Roses_

X, de La_ Douleur,
De Leurs_
Épines... ...

J'Ai_ Cessé_ de
Croire_ que je Savais_
Quelque_ Chose...

'AKA'

41.

I/

Le_ Plus Humble,
Des Hommes_
N'A_
Jamais_ Vu,
Le Christ...

Quand_ On Vit,
Dans Le_
Désert_

On_ Ne Voit,
Que L'Horizon_

'AKA'

II/

L'Étourdissement_
Des_ Dunes_ X,
L'Ivresse_ du Désert_

M'Ont_ Fait_ Voir_
L'Oasis_ de Mon Cœur...

'AKA'

42.

I/

Comme_ Un_ Roi,
Du Désert...

Il_ N'Y A_
Rien_ Chez moi, X,
Je Passe_ mon Temps
A me Battre...

Les Jardins_
De Fleurs_ Naissent_
Des_ Oasis...

X, La Pauvreté_
Fait_ du Cœur_
Humble_
Un Horizon_
D'Où_ Jaillissent_
Les Aurores...

'AKA'

II/

Boire_ du_ Vin,
Est, Une Voie, Honnête...

'AKA'

43.

Boire_ du, Vin_
Est Comme_

Se_ Perdre_
En_ Un Jardin_
De Fleurs_

Ou_ Mourir_
Entre_ Les Dunes

... De L'Un_ ou
De L'Autre_

Je_ Ne, sais,
Quelle_ Beauté_ Je,
Préfère...

Sinon, Celle_
d'Être_ Ivre, Un,
Peu_ Plus...

Encore... ...

'AKA'

44.

Étourdi_ de
Solitude_

Le Désert_
M'Appartient...

Entre_ Deux_
Dunes_
Je me Perds...

Enivré_ de
Lune_
Mon
Destin_

/J'Entrevois/

L'Ivresse_

Issue_ du_ Vin_
Clair_

Qui_ Perle, Au/x
Sein/s,
Des Fleurs...

Qui_ N'Existent_
Pas...

'AKA'

45.

Le_ Désert_
Est_
Le Lieu_
De_ L'Amoureux_

Qui_ se Voile,
Des Étoffes_
Des_
Dunes, X, des Oasis

Des_ Perles_ A,
La_ Main...

Pour_ Honorer_

Par_ Compte_
De Vers_
De_ Poésie/s...

La_ Calligraphie_
De_ L'Ivresse_ des
Fleurs_
X. de L'Amertume... ...

'AKA'

46.

Je_ N'Ai_
Jamais_ Vu, *Dieu_*

X, Je Ne_ Sais_
Pas_ Qui_
Il_ Est...

... Je_ Passe_ mon,
Temps_ A,
Prier_

Sur Tapis_
Orné_ d'Arabesques...

Pour_ Quoi_ Pour_
Qui_
Pour_ Quel, Songe_?

Je_ ne Descends_
Pas_ du_ Sphinx...

Je_ Rend_ Grâce_
Au_ Néant_
De N'Avoir_
Jamais_
Cru...

'AKA'

47.

La_ Pratique_
Du_
Langage_ Est,
Un Art...

... Je_ Ne, Tiens,
Pas_ A_ me Faire
Comprendre_
De Tout_ Le Monde_

Le_ Tracé_ d'Une,
Poésie_

Se_ Perd_ En,
Une Calligraphie_
De_ Silence/s...

Mais_ Jamais_
Par_
Esquisse_ d'Un_
Détail_
Pour Rien...

'AKA'

48.

L'Origine_ du_
Martyr_

Est_ Une,
Éclipse...

Entre_ Le_
Mensonge_
X, La danse_ sans
Fin...

La_ Grâce_ du_
Derviche_

Est_ d'Être_
Gauche_
X, Averti...

En, Songes_ du
Néant_

X, Corolles_ Pourpres,
De_ Fleurs...

'AKA'

49.

Aux_ Cercles_
De_ Mensonges_
Sans, Fin...

Je_ Préfère_
Danser_
Gauchement_
De_ Bonne, Foi...

Un Verre_ de_
Vin_ A,
La Main...

X, Quelques Vers,
Écrits_

Sur,
Les Lignes_ du Temps...

Pour_ Donner_ Vie,
A L'Instant_
Présent_

A, Travers_ Une
Foule, de Silence/s,
D'Un Cœur_ Qui A Aimé...

'AKA'

50.

Au_ Cœur,
Des_ Mélodies...

J'Improvise_

Comme_ Le, Jazz,
Des_ Instruments,
Asiatiques...

Ou_ Le,
Pincement_ des
Cordes_ du
Santûr... ...

La_

Danse_ Sans,
Fin_

Là_ Ou Plus, Rien,
N'Existe...

Est_ Comme_ Une
Calligraphie_
De Fleur/s_
Autour_ du Néant.

'AKA'

51.

I/

Il_ N'Y_ A_
Pas_ de Pratique_
Sans Bonne Foi...

Il_ N'Y_ A,
Pas_ d'Art_ Sans
Cœur_
Épanoui...

Les Écritures_

De, La_ Calligraphie,
Du Temps_

Se Closent_
Dans L'Instant_

Au_ Cœur, des
Secondes_ Parsemées...

'AKA'

II/

Les_ Colombes, s'Evanouissent_
X_ *Mon Cœur,* Devient,
*Une Rose_*

52.

I/

La Bonne_ Foi,
de L'Être_ Humain
Lui permet, de
Survivre

Pas_ Sa, *Croyance_*
En_ Quoi que ce Soit

L'Existence_ de
*Dieu_* N'Est
Jamais_ Démontrée...

Il_ Y_ A,
Une_ Corolle_
Calligraphiée_ Au,
Cœur_ du
Néant... ...

'AKA'

II/

Le Cortège_ des, Colombes,
Est Assassin.

Tu_ Veux_ Être_ *Noir,*
Pour Quelle Raison... ? ... *Vis_ !*

53.

J'Ai_
Succombé_ à
Ma Bonne Foi,
Plutôt_ que
De Mentir...

Puis, Je me
Suis, Perdu_
En_
Des Labyrinthes_
D'Illusion/s...

Le_ Cœur_
Meurtri...

Les Larmes_ En,
Éclosion/s...

J'Ai_ Pris_ Parti,
D'Aimer_

Sans Renoncer_

Au_ Prestige_
d'Être, Pauvre... ...

'AKA'

54.

I/

Chaque_ Société,
Produit_
Sa, Marginalisation

Chaque_

Parti_ Pris_
De Cœur_
Épanoui_ Mène,
Au_ Dervichisme...

L'Art_ Est, Ciselé_

Comme Une_
Calligraphie_ qui
Ne Dit_ Pas Son, Nom...

Autrement_ que Par,
Le Tranchant_
Sabrant_ de Son, Calame...

Empourpré_ d'Ivresse.

II/

*La_ Marge_* A,
Fleuri_ *de Bonté/s...*

55.

I/

Je_ Peint_
Le Temps_ Sur_
Les_
Murs_ de L'Innocence

... J'Esquisse_
Un_ Tracé_
De_ Patience_
Sur_ Le Chemin, de
La Vie...

Un_ Instant_
Que_ Je Croque...

Un_ Moment_ Auquel,
J'Ai_ Mordu_

Un_ Soupir_ Que,
J'Ai_ Perdu_

M'Ont_ Redonné_
L'Envie...

II/

L'Amour_ *Sauve_*
*Les, Cœurs_* Éprouvés...

56.

I/

La_ Différence_
Entre_ La
Mauvaise_ Foi,
x La Bonne_

Est, comme_
La Lame_
Tranchée_ d'Un
Rasoir...

Ma Peau_
Calligraphiée,
Par_
Le Récit_
Invisible_ du Temps

S'Est_ Souvenue_
De_
La Bonté_ d'Être,
Frère_ X, de Partir...

'AKA'

II/

Je_ Détiens_ Le,
Calame_ *des Pauvres...*
...

57.

I/

La_ Naissance,
De L'Interdit_
Vient_ de La
Trahison_ du Cœur

Ce, Dont Le
Cœur_ Ne Veut Pas,
Il Ne L'Accepte_
Pas...

Le_ Verre_ de Vin,
Est_ Fleuri_
A_ La_
Surface...

Le_ Derviche,
N'Evoque_
Son_ Seigneur_
Qu'A_ Travers, Le
Verre de Vin...

'AKA'

II/

La_ Poésie_ N'A_ Pas_
Vertu_ *à Esquisser_*
*Les Desseins_* de La Lune...

58.

I/

Les_ Origines,
N'Existent_
Pas_ Plus que
Le Vent_ qui Passe

... La Plume_ Légère,
Libère_ De Ce
Qui, Pèse... ...

Sur Le Cœur_
Trop_ Ivre_

Pour Ne se Mettre,
A Voler_

Avant_ de Rejoindre,

Les_ Horizons_
Pourpres_ X, Tamisés,
D'Aurores...

II/

Qui_ Connaît_ *Son,*
*Monde_* Devient_ *Un Lettré...*

*Qui_ Se_ Passe_ de L'Univers_*
Devient_ Poète...

59.

Cœur, Trahi...

Envol/s_ de_ Colombe/s... ...

Jets_ d'Hémoglobine,
En_ Tableaux_ de
Drame/s...

... Zig_ Zag_ de
Masques_ de
Géométrisme/s_ Nègres

... Négroïsme/s_
Vaincus_ Par La Science_
Maure... ...

... X_ Les_ Arabesques_
De Fleur/s...

Calligraphiées_

... Voilà Tout. Voilà,

La Corolle_ X, sa Cour/re...

X, Un Verre_ de Vin,
Qui_ Efface_ Tout...

'AKA'

60.

I/

Étrangement_ Nègre_ X,
Blanc...

... Étrangement,
Ébène_ X Albe...

... Comme_ La,
Lune, Qui Règne_ Sur,
La Nuit...

... Comme_ La Nuit_ qui
S'Auréole_ de
Pourpre/s...

... Là_ Où_ s'Effacent_
Les Perles_
D'Hémoglobine/s...

Pour_ Combien_
De Verres_ de, Vin_
Versés...

... Ô, Par_ Le Vêtement,
Du Maure_

Gloire_ Aux_ Fleurs_!

... Ô, par_ Les Fleurs_
X, L'Art_

L'Issue_ Exquise_ Est, Une
Rareté_ Excusable... ...

II/

J'_ Ai_ Le Vin_
Les_ Fleurs_ X,
Le_ Pardon...

*A_ Quoi_ me_*
*Servirait-Il_ d'Être_*

Dieu_ ?

III/

Entre_ Le Rapt_ des
*Origines_*
X, La Trahison_ *A Prix_*
d'Or/s...
... Il me Reste_ La Brise
_ X_ Le, Néant...

'AKA'

61.

I/

La_ Nuit_ Réclame_
Sa_
Négritude...

... Mais_ La, Lune,
N'En_ Veut pas...

... En, Horizon/s,
D'Estime_ de Bonté/s...

Je_ Veux_ Les_
Veine/s_ Devenue/s_
Or/s...

Je_ Veux_ L'Abyme_
Devenue_ Rêve/s...

Difficile/s_ X,
Doux_

Comme_ Dire_
Ses_
Sentiments...

... Meurtri_

Comme_
Le Cœur_ qui L'A fait

Éclos_

X, Fleuri_
Comme_ Le Silence_ X,
Ses_ Roses...

'AKA'

II/

Tu_ Crois_ que Je Suis, Un
Saint_ ?
Il Faudrait_Que Je Te Crois_ ?

J'Ai_ Bu_ Trop_De Vin_
*Pour_ Croire_*
Une_ Chose Pareille...

Je_ Danse, Ivre_
X, Bois_ A_ Même_
La_ Lune, Exquise...

'AKA'

62.

J'Ecris_ de La,
Musique_

X, Je Dessine_
Mes_ Poèmes...

La_ Beauté_ N'A,
Dit_ Mot_

Devant L'Osée_
Poésie...

... L'Éclose_

Corolle_

N'Est Point_ Drôle,

Mais_ Douce_ X,
Fragile_

En_ Avertissement/s_
...
X, Calligraphie/s_
De_ Bonté/s_

'AKA'

63.

L'Art_ Dessine,
Les_ Issues_
Face_

A_ L'Impasse...

Le_ Prosaïsme_
Oublie_
La Science_ du

Réel... ...

A_ La Beauté_
Assouvie_

Du_ Trivial_
Orgiastique...

Je_ Préfère_ Le,
Calame_
Calligraphique_
Du_

Derviche... ...

'AKA'

64.

J'Ai_ Retrouvé,
La Voie_ des
Anciens_
En_ Buvant_ Un_
Verre_ de Vin...

Celle_ du Jeune_
Homme_ qui Ne_
Cesse_ de
Prédire...

La_ fin_ du Doute

_ Contre_ Toute_
Attente...

Avant_ de Voir,
Un_ Cœur_
Éclore_

En_ Corolle_
De_
Sentiments///

'AKA'

65.

Sur_ Le,
Chemin_ de La,
Vie_
J'Ai_ Choisi_
d'Aimer_ X, d'Avoir_
Tort...

Au_ Delà_ des
Complexe/s_ Éprouvé/s

Il_ Y A_ Un_
Salut_ Pour_ Les
Sans Salut...

Au_ Dedans_ du
Contraste_ Absolu

Il_ Y A_ La Beauté_
De Pouvoir_
Aider...

Les_ Jolies_ Ailes,
D'Un_ Oiseau_
A_ Battre_ de Nouveau,
Sans Barreaux_ Ni Cage/s...

'AKA'

66.

La_ Vérité_
De ma Vie_ Je
L'Ai_ Vu_ En_ Face

... Contempler_

Le Néant_ m'Imprimer_
Une_
Fleur_ au Fond_ du
Cœur...

En_ Corolle_ de
Rosace/s_
Calligraphiée/s_

X, Averti_ J'Ai_
Dit...

Il_ Est_ Temps_
De Marcher_

Sur_ Un,
Chemin_ Sans_
Retour... En Poésie/s...

'AKA'

67.

Il Y_ A_
Différentes_
Classes_
De Poètes...

Il_ Y, A_
Différents_ Types_
De Musiciens...

Entre_ les,
Derviches_

Des_ Dunes_

Des Trappes_
Des Bas_ Fonds_

X, Du_ Désert...

X_ Ceux_

Des_ Cellules_
Troglodytes...

Chacun_ A, Son_
Vin...
X_ Son_ Ivresse...

'AKA'

68.

I/

... Entre_ L'Une_ X,
L'Autre_
Des_ Conséquences
_ De La Guerre_
Laquelle_ Choisir_?

Si_ Il N'Y A_
D'Issue_
Pour_ Les Uns_

X Pour_ L'Autre...?

... Pourquoi_ Crois-Tu_
Qu'Il Y Ait_

Un_ Coupable...?

Lorsque_ Le,
Pardon_
A_ Esquissé_ Un Salut...

... J'Ose_ Écrire_
Des_ Lettres_
En_
Chorégraphie/s...

En_ Défiant_ Le
Temps_ de N'Être_ Au,
Delà De L'Instant_
Clos_

Qui s'Efface_ Quand_
L'Humain_ Devient_ Poète

II/

Un, Peu_ d'Eau_
Du_ Désert_ *X, L'Univers*
N'Existe_ Plus...

Regarde_ *Au, Loin_*
*Les Dunes_* Ont Conquis_
L'Horizon...

Le, Roi_ Est Pauvre_!

*X, Marche Pieds Nus_*
... Autour_
d'Une Fleur Pourpre...

III/

L'_ Issue_ Est, Une
Rosacée/s...

... L'Erreur_ *Est, Fatale.*

'AKA'

69.

Les_ Saints_
N'Existent_ Pas...

... X, Les Martyrs_
Non_ plus...

Pourtant_ Sur_ Le,
Chemin du Sacrifice...

Le_ Plus_ Beau_ X,
Digne_ En_ Pauvreté/s...

Fut_ Choisi...

... En L'Impasse_ Fleuri_
De_ La Mort_

Au/x_ Cul/s_ Béant/s_
Dont_ L'Enfer, Est Marbré...

Il_ N'A_ pas Eté_
Donné d'Issue_

Il_ Reste_ La Poésie_
Pour L'Ecrire...

'AKA'

70.

Je_ Veux_
La Coupe_ de Vin

L'Honnêteté...

X, Le Pardon_

... Je_ Veux_

L'Arabisme_
Comme_ Issue_

Aux, Méandres_ du
Temps...

... De Temps_ En,
Temps_

J'Ecris_

Des Poèmes...

De Temps_ à
Autre_

Je Suis_ Ivre_ X, Je,
Danse...

'AKA'

71.

Ma_ Religion_ Est,
De Vivre_
X, J'Esquisse_
Ma_ Vie_
Comme_ Un, Art...

L'Arabesque_ des
Clartés_

A_ Fait_ du
Nard_
Une_ Excuse...

L'Aquarelle_ des
Calligraphies_

De_ L'Embellie_
De, L'Élie_ Soufi_
Belle...

Coule/nt_ Comme_ Le,
Khôl_

Le_ Fard_ Délicat_

X_ Ta Chevelure_ de
Laine... Drôle_

'AKA'

72.

I/

Je_ Suis_ Allé,
Faire_
Un_ Tour...

En, Quête_ des
Bienfaits_ d'Une
Ballade...

Quand_ Je Suis,
Revenu_

Mes_ Origines_ Étaient,
Parties...

Elles s'Etaient_
Éclipsées...

Dérobées_ Par La
Rareté, des Arômes...

X Je Sais, Désormais_

Que_ L'Arabesque_ des
Clarté_ Est Absolu/e... ...

II/

La Poésie, Est Une Issue_ Suprême.

73.

La_ Texture_
De Ta_
Chevelure_ de
Laine_

Le_ Nard_ s’Exhalant_
De_ Ta_ Peau...

Ton_ Regard_
Sobre_
Aux_ Couleurs_
Étincelées_

De_ Nuit_

Font_ de L'Aurore_
Un_ Art_
D'Aimer... ...

Un_ Art_ d'Aimer_

X, d'Aimer_ Encore_!

Un_ Fois_ de Plus,
Malgré_ La Fin de
Toute/s Prose/s... ...

Défiée_ X Vaincue.

74.

La_ Prose_
Vaincue_ Par, La,
Poésie_

La_ Dose_ de
Saccharose_
s'Exalant_ En, Musc

... M'Amène_ A Prier_

Le_ Vent_

Le Temps_

D'Une Brise...

X, A_ Me
Prosterner_

Quasi_ Mû_ Par_
La Mélodie_

De_ L'Appel_ à Ne,
Faire_ Plus_
Qu'Un_
Avec_ L'Absence_
D'Origine/s...

'AKA'

75.

Comme_ Si,
J'Avais Quitté_
Mon Pays_ Pour Toujours

Comme_ Si J'Avais
Vu, L'Amour_
En, Un Soupçon_ de
Beauté/s...

L'Envol_ d'Un,
Papillon_
Sans_ Détour_

M'A_ Fait_Contempler_
L'Éphémère_ de_
L'Éclaircie...

Des_ Écritures_
Qui_ Ne Disent_ Leur
Nom...

X, Je Sais_ Désormais,
Que_ La Prière

Dans_ Les Confins_
De L'Ivresse_

Est, Le Summum_ de
De La Voie du Pardon...

76.

Les_ Origines_ Que_ J'Ai_
Perdues...

Les_ Inconstances,
Que_ J'Ai_
Bravées...

Les Crimes_
Insolubles_ Dont,
J'Ai_ Rougis...

N'Ont_ Pas Fait_
De moi_ Un Prophète...

... Sur_ La Voie,
Des_ Martyrs_

Du Rien_

X, Le Chemin_ de_
L'Aube_ du Néant...

Une_ Calligraphie_
A_ Mis Fin_ Au, Désir

De N'Être Plus_ Pour_
Naître_ Un Peu_ Plus...

'AKA'

77.

I/

Dans_ Un Verre,
De Vin_

J'Ai_ Trouvé,
La Fleur_

De Mon_ Désir...

... D'Absence_

De_ Reconnaissance_
Des_ Uns_ Pour_
L'Autre...

En Conséquence_

Je_ Dézingue_

Le_ Prosaïsme_

Par_ Un Sabre_
Tranché_ Sous Forme_
De_ Calame...

... De Zanzibar_ Aux,
Indes...

X, De L'Azerbaïdjan_
Jusqu'A_ La Perse...

_ Par_ L'Art_ Subtile_
Des Lettres_

X La Science
Calligraphique_ X,
Sûre_ Du Quatrain...

'AKA'

II/

*Je_ Suis_ L'Ḥurūfī_*

Des Cygnes_ Les_
Plus_ Humbles... ...!

*Qui_ A, Entrevu_*
L'Aurore_ des Roses_ ?

Qui_ L'A_ Vue_?

... ...

'AKA'

78.

Par_ Delà_ L'Origine_
Du Martyr...

... Est La Coupe de
Vin_

Par_ Delà, Les_
Épreuves_
Est_ La Gloire_ de_
De L'Art_
Incompris... ...

Je Danse_ Je Danse,

... J'Esquisse_

Le Vol_ d'Un Oiseau,

En_ Chorégraphie...

De_ Poèmes_ X, de
Lettres_

Cadencés_ de, Transe/s_
D'Extase/s_

X, de_
Catalepse/s... ...

'AKA'

79.

Le_ Langage_
Est_
Silencieux...

Par_ Le_ Pinceau,
Ou_ Le Calame_
Tranché_

Esquissé_
Comme_ Une Danse...

Impromptue_

De Cadence_

X, de Lettres_

Ciselées...

Pour_ Un Art_

De_ Dire_

L'Imprévisible...

... ...

'AKA'

80.

I/

Au_ Milieu_ des
Volutes_

Je_ N'Ai_ Vu,
Le Mal...

Aux_ Tréfonds_
Du Verre_ de Vin_
Je_ N'Ai_
Esquissé_ Le Croquis,
D'Une Religion...

Quelles Fussent_
D'Essences_ Ou_
De Cuivres...

Qu'Il_ Fut_
Poétique_ Ou_
Grenade/s... ...

Les_ Versets_ X,
Parfums_

De_ La Poésie_

Rythment_ Le Monde_

Qui_ Tourne_ Rond,
Comme_ Un_
Cycle_ Rompu... A L'Infini... ...

'AKA'

II/

J'Ai_ Suivi_ *Le,*
*Cygne_ de L'Ivresse_*

Comme_ Signe_ *de, La*
Religion_ des Derviches...

III/

L'Ivresse_
Coule_
Du Roseau_ Tranché...

Les Poèmes_ Ont,
Mis_ Fin_Aux Larmes de Sang...

'AKA'

81.

Par_ Le_
Parti_ Pris_ des
Arabesques_

Par_ La Science_
Éprise_ de Lettres_ X, de

Versets...

J'Esquisse_

Une_ Ordalie_

Par_ Le Nom_ d'_

AKA...

Pour_ Distinguer_

La_ Pauvre_ Rime_ de
Son Écho_

Empourpré... ...

... Je_ Suis Venu_ Régler_
Les_ Comptes...

A_ Coup/s_ de_ Poésie_ X, de
Preuves_de L'Art...

82.

I/

Ô, Narguilé_
De_
L'Extase...

Ô, Colombe_
A L'Envol Le Plus_
Pourpre...

Je_ Vis_ Pour
M'Evanouir_
Dans_ Le Temps_

La_ Mesure_
A_
Laissé_ Une_
Marque_
De Calligraphie...

'AKA'

II/

Je_ N'Ai_ Jamais_ Vu,
La_ Couleur_ de

*Dieu_*

'AKA'

83.

Coupe_ de Vin,

Arabisme/s_

X, Poésie_ Radicale

... Voilà_

L'Idée_ du Style_ De Vie_

D'Un_ Lettré_
En_
Quête_ de Pureté_
De_ Cœur_

D'Onirisme/s_

X_ d'Ivresse_ Terrible

... Y Ajoutant_
Une_
Esquisse_ De Réel...

Sous_ Forme_
De_
Corolle_ de Rose/s_

Pour_ Vaincre_

La Criminologie... ...

84.

Je_ Bois_ du
Vin_

Pour_ Oublier_
Les_ Marches_ du Ghetto

... L'Ascension_

*Ballafresque_*

De L'Héroïsme_

Trafiqué...

Les_ Miroirs_ En,
Paroxysme/s_

*Aux_ Reflets_*
*D'Hallucination/s_*
Terrifiante/s...

Ne_ Donneront_ Au,
*Criminalisme_*

De Vertu_ Face
Aux_
Arabesques_ de Fleurs

En_ Ivresse_ Garanties.

85.

I/

Terreur_ Poétique

... Cortège_
D'Oiseaux_ Libres...

Maelström_ d'Ivresse,
En_
Arabesque/s_ Floue/s_

Sont_ Une Voie,

Grave_ X,
Habile_ En Improvisation,

Menant_ Aux, Drames...

Sur_ Le Sortilège_ du,
Pardon... Acquis_

... J'Opte_ Pour,
Une_
Poésie_ Tranquille_

De, La_ Douceur_

D'Un_ Parfum_ de
Roses_

Par_ Crainte_ du, Néant,
Subtile_

X, Désir_ de Vaincre,
Le_ Seuil_ Souillé_
de,

La_ Société...

'AKA'

II/

Je_ Ne, Cherche_
Plus_ La Preuve_ des,
Choses...

J'_Ai_ Le Témoin_
De L'Âme_ Pour_ Le Cœur...

J'_Ai_ La Grâce_ de, La_ Fleur_
Pour L'Âme...

...

'AKA'

86.

J'Ai_ Vu_ mon
Soi_
Supérieur_ X, J'Ai, Eu_
Peur_ d'Être_

Un_ Bandit...

Acquis_ A L'Humilité_
Par_ Un_
Avertissement_

Des_ Plus_ Tordus_

Je_ me, Suis_
Longuement_ Abîmé_
Dans_
La_ Tranquillité_

D'Une_ Prière_
Aux_
Parfums_ de Roses_

Évoquant_ La_ Douceur,
Des Bienfaits_

Du_ Vin...

'AKA'

87.

Je_ Danse_ Le,
Calame_
En,
L'Air_ Tel, Un Sabre...

... J'Esquisse_ Les Lignes_
Du_ Temps_
Même_ Exclus...

De L'Instant_
Je_ Conquiers_ Le_

Présent_ Peu_ Subtile,

Si_ Précis_ En,

Sentences_

De_ Drames_

X, Tragédies_

En_ Abymes_ Desquels_

Les Oiseaux_ Volent_

Par_ Désir_ Ou Foi,

De Poète/s... ...

88.

I/

Qui_ A, Vu,

Le_ Mal_ qu'Il Ne,
Voulait_
Pas_ faire...

A_ Peur_ d'Être,
Un_
Bandit_

... Aux_ Aurores_
De_
L'Excuse_ Insipide_

De_ L'Innocence,
Incomprise_

De_ N'Avoir_ Rien_
Vu_

S'Eclipse_ La_
Flore_
Blanche_ d'Allures,

Aux_ Contours_

Alambiqués_ de_
Cortège/s_

Cruels_ de, Nuit/s...

Avant_ que_ L'Égaré,
Ne s'Enivre_

Pour Avoir Le,
Sentiment_ de Ne
Plus_
Exister... ...

'AKA'

II/

Paisible...

Je_ Navigue_ Sur,
Les Flots_
Exquis X, Imprévus
_ De_
L'Insularisme_ Arabique...

/La_ Brise_ Se, Lève.../

///

'AKA'

89.

Après_ des Larmes,
Abondantes_

Sur_ Le, Choix, De_
La folie...

Après_ L'Égarement,
Du_
Croire_ d'Avoir_
Trop_
Aimer... ...

Je me Suis_

Posé_

Sur_ Un Banc,
Perdu_ d'Une Oasis_
De_ Rose/s...

J'Ai_ Lu_
Les Vers_ d'Un_

Khayyâm_ X, J'Ai,

Sauvé_ Mon Âme_ En,
Quête_ de

Clarté/s... ...

90.

Mieux_ Vaut, Boire,

Du_ Vin_

Que_ de Croire_

Être_ Un, Saint...

... A L'Orée_ des
Or/s_ de

La Brise_ Douce_
D'Aurores_

Pures...

S'Épanouit_ L'Âme,

Vraie_

D'Avoir_ Saisi_

L'Optique_

Insaisissable...

/: Le Néant... ...

'AKA'

91.

I/

Chercher_ A, Boire,
Du_ Vin

Ou_ Être_ Un,
Saint_

Il_ faut_ Choisir_

... La_ Constellation,
Des Flores_

S'Avertit_ d'Être,

Prompte_ En_

Ronces...

... Avant_ Le, Temps,

Ne Fut_ Ne Sut_

Ce Qu'Être_ Voulait,
Dire...

Sexiste_

Existence/s...

En_ Once/s_

L'Essence_

A_ Vaincu... L'Exit...

'AKA'

II/

Je Dépose_ Une
Fleur_
Au_ Pied_ du Mausolée_
Des_
Oubliés...

'AKA'

92.

I/

Marche_ Droit,

Sur_ La Voie_ X,

Tu_ Auras_ Tous,
Les Parfums_ que Tu,

Veux... ...

Les_ Cortèges_ de
Corolles_

Se_ Sont_
Évanouis_ Sur_
La Voie_

De L'Oubli_ En, Presqu'Île

... Les Impressions_

Hallucinantes_

Du_ Récif_ d'Être_

Pauvre...

Pour_ Avoir_ Vu, Le
Salut_

Dans_ Un Rien_ de

Clarté/s... ...

'AKA'

II/

*La_ Flore_ X, La Faune_*
*Des_ Jardins_ Clos_*
*S'Épanouissent_*

En_ Arabesques...

X, En_ Cortège/s
De_ Rosaces... ...

'AKA'

III/

Je_ Veux, *Une Coupe_*
Légale...
... Non_ Point, *Une_*
Coupe, Interdite... ...

'AKA'

93.

Entre_ Aurores_
X_
Parfum/s_ de Roses...

Entre_ Poésie_

X, Crime/s_ d'Ivresse/s,
Imprévue/s_

J'Esquisse_

Les Versets_ Autres_

De L'Ordalie_

En_ Délit_ de_ Vin/s_

X_ Phase_ Les_

Tracés_ de Lettres_

X, Sonorité/s_

D'Essence/s_ Sur_

Le Chemin, des Fleurs...

'AKA'

94.

Quand_ On, Cherche,
Ses_ Origines_
On_
Finit_ Par se
Rendre_ Compte_ qu'Elles,
N'Ont_ pas de Sens...

L'Âme_ Nous, guide_
Vers_ Un Horizon_

Exquis_

X_ Trouble_ d'Essence,
X, de Parfum/s...

Saches_

Qu'Un_ Imam_ Versé,

En_ Rimes_ de
Libations_

Terribles_

X_ Apte_ A_ Sauver,

Du Drame_ Se Tient_

Sur_ Un, Plan, Intérieur_ X Fleuri...

95.

Je_ Suis, L'Imam_
Du_ Raisin_

Je_ N'Ai_ pas_
De, Raison_

De Craindre_ Le
Mal...

Car, Je Suis,
Versé_ En Vin, X, Poésie/s...

Sur_ Le, Chemin_
Des Prières_ Fleuries_

Des_ Pardons_ de
L'Extase...

J'Esquisse_ Un Tracé,
Calligraphique_

De Joie, de Paix, X, de

Sérénité... ...

'AKA'

96.

Il_ N'Y A_ pas de
Meilleur_
Face_ Au Néant...

Il_ N'Y a_ que
La Gloire_ d'être_ Humble.

La_ Grâce_ X, Beauté,
Des_
Vertus...

Fait_ Naître_

Une Douceur_

Au_ Fond_ du

... Cœur...

... Sois, Bon_ X,

Respire_ les Corolles.

'AKA'

97.

Assis_ Sur_ Les,
Rebords_ des
Marges_ de La, Société

Je Bois_ du Vin,
X_
M'Enivre_ d'Être, Digne

... J'Ai_ Vu_ des
Fleurs_

Serties_

De_ L'Al_ Khôl_

Eclore_ X, Pousser_

Sur_ Le Béton_

Reverdi...

D'Aurore/s_ X, d'Aube/s_

D'Evanescence/s_
Pourpre/s_

D'un_ Bonheur_ qui
Ne Se Dit_ pas... ...

'AKA'

98.

Dans_ Le Bordel_
Chorégraphique_

Des Esquisses_

Des Danses_ du
Calame...

Des, Derviches...

Doux_

... J'Entrevois_

_ Des, Silences_

Plus_ Subtiles_ Que,
D'Autres_

Me_ Dire_ Qu'Il Y

A, Une Voie_

Pour Être_ Soul, X,

Ivre... ...

'AKA'

99.

I/

Entre_ Bordel_ X,
Tavernes...

Entre_ Poèmes_ X,

Calligraphie/s...

s'Esquisse_

La Prose_

... Qui_ Se Veut_

Nue_

En, Plein_ Drame/s...

Malgré_ Le_
Prestige_ Insensé_

Du_ Banditisme_

Sans Ethique...

... Le_ Néant_

Me_ Dit_

Que_ Sait_ Tu_
De La, Culture_ des
Autres_

X_ Je Réponds_

_ Rien... _!

'AKA'

II/

Le_ Cygne_ Inspire_
Confiance_

*Autant_ qu'Il_ Pique_*

Pour_
Défendre_ Son_

Vêtement...

'AKA'

100.

J'Ai_ Perdu_ mes
Origines_

... Elles_ Sont_
Parties_ Au_ Loin...

Ou, On_ Les a
Acquises_ A Prix_
D'Or/s...

Sans_ me Demander_
Mon_ Avis...

/// Pauvreté_
Oblige...

Je_ Prie_ Le_
Néant_

De_ me Laisser_

Repartir_

Vers_ les_
Contrées_

Qui_ N'Existent

Pas... ...!

101.

Drapé_ d'Un Long_
Manteau_
Noir///

X_ d'Un, Bonnet_
De Fortune_

Tranché_ X, Court,

Le Cou_

Auréolé_ d'Un,
Keffieh_

En_ Fierté_ de, Pauvre...

Ayant_ Perdu_

Une_ Origine_

Mais_ Pas, Une Terre,

Sans_ la Fleur, de
Vivre_

Je_ Dis_ Où_
Est L'Aube_ Ô, Princes_
Du_ Néant_

Suis- Je_ Seul...?

102.

Ô, Princes_ du
_ Désert...

Les_ Marges_ d'Or/s_
Sont_ des,
Dunes_ de, Colombes

Pourpres_ X,

Redoutées_

Pour_ Leurs_ Aube/s

X, Parfum/s...

... le_ Drame_

Est_ de Les_
Voir_

S'Envoler_

En_ Perdant_

Des Plumes... ...

'AKA'

103.

Je_ Prie_ Le,
Néant_

Mais_ Je Ne_ Crois,
Pas_ En, Rien...

A_ La Place_ du
Nihilisme_

Je Veux_ des
Fleurs_

X, Un Parfum, De Paix...

Drapé_ d'Un, Keffieh

De_ La, Fierté_

De_ rester_ Digne_

Je_ Marche_ Sur,
Les Dunes_

D'Un_ Terrain_

Inconquis... ... X, Prude_

'AKA'

104.

La_ Fleur_ La,
Plus_ Fragile_
Pousse, Au Milieu_

Des Ronces...

Ne_ Respire_ pas,
Son Parfum_ Qui,
Veut_

Ne_ Trahit_ Pas,
Cette, Ivresse, Close

Qui L'Aime_

Le_ Mal_ Ennobli,

Je_ Ne L'Accepterai_
Pas...

J'Ai_ Une_

Calligraphie_

Pour Esquisser

*Une_ Mélodie_*

D'Être_ Libre... ...

105.

Assis_ Sur, Le
Bord_

De_ La Route_

La_ Gnôle_ des
Fleurs_ m'Envie_

A_ Être_ Sobre...

Entre_ Esquisse_
X_
Chorégraphies...

De_ L'Infini_
Des_
Pensées_

Qui_ se Perdent_ Dans,
L'Onirisme_

En_ Océans_ du Néant_

Je_ Trouve_
Un Coin_ de Lotus

Épanoui_ En Corolle/s_
De Rose/s...///

'AKA'

106.

Chancelant_

Titubant_

Comme_ Un, Pauvre

... Dans, La Rue_

... L'Égarement...

X, L'Opprobre...

... Je_ Saisi_

_ Entre_ Deux_
Extases_

De_ Narguilé_

Pur...

L'Horizon_

Des Marges_ Imprévues_

De, La_ Dangerosité...

'AKA'

107.

Refusant_ d'Entrer,
Dans_ Les, Méandres_
Des_ Orgies_

Je_ Deviens_

Plante/s_

X, Imprime_

La_ Justice...

... La Corolle_
Est_ de Rose/s...

L'Éclat_ Est,
Imprévu_

L'Improvisation_
De_ Dose/s_

De Jazz...

Inspire_ Le salut_
Des Braves... X, Purs_!

'AKA'

108.

L'_'AKA'

Le_ Khôl_

L'Arlequin...

*Le_ Toqué_*

*... Le_ Coiffé_*
*De La, Toque_*

Croquant_ Par_
Esquisse/s_

*X_ Esquissant_*
Par_ Calame_

*Apprécie_ Le_*
*Bon Vers_ de Vin_*

Qu'Il Soit_ Bu,

Ou Poétique...

*En_ Une, Coupe_*

'AKA'

109.

Il_ Vaut_
Mieux_ Apprendre_

Que_ de Croire_ Qu'On sait_

Il_ Vaut_ Mieux_
L'Humble_ En,
Corolles_

Que_ Le, Drôle_
Sans_
Aquarelle/s_ Douce/s.

Je_ veux_ Respirer_

Le_ Parfum_ de La,
Coupe_

Les_ Degrés_ de,
Pureté/s_

De L'Extase, Incomprise.

Être_ Soul. Être, Ivre.
Être, Allongé. Comme Sur, Nattes,
Un Narguilé...

A_ Coté_ de moi_ X,
d'Un Frère.

110.

Par_ La_ Raison,
De L'Arabisme...

X, Par_ Le_
Raisin_
De L'Arabesque...

Les_ Corolles_

Ont_ Vertu_
De_
Silence/s...

La_ Poétique_

A_ Tracé_ Les Versets.

Je_ Bois_ Une,

Coupe_

Parfumé_ X, Exquise.

Je_ Hume_ Un Brin_
Joli_

D'Essence/s_ de Brise_

Embellie_

De_ Musc/s... ...

111.

Par_ Crainte_ de, Voir_
La Corolle_ La_ Plus_ Blanche

Rimer_ Avec_

Criminalité/s...

... Pudique_ En, Beuverie/s_

Je Rougis_

De_ La Descente_

D'Un Vers_

De_ Vin_ En, Arabesque/s.

... Poétique_ Est, L'Issue_ Si, Tragique

X,

L'Éclat_ De L'Aube

Est, Manifeste.

... Sois, Averti_ En, Aurores

X, En Doses_ De Flots_

Salutaires_ de Rosé/e/s...

112.

A_ Travers_ Les, Reflets,
Infinis_ de L'Innocence_
Brisée_ Par_ Les
Crimes_ En,

Paradoxes... ...

... Les Miroirs_ Érodés_
Par_ L'Aurore_
D'Un_ Cœur_ s'Illuminant_

En_ Un, Regard...

Je_ me, Demande_ Qui_
Je_ Suis...

... Je, te Demande_ Qui Tu Es...

J'Ai_ Oublié_ Qui,
Nous_ Sommes...

L'Origine_ du Martyr...

Le_ Marbre_ Pire_

L'Enfer_ Dormant...

... La Terreur_ Poétique_

'AKA'

113.

Je_ Rend_ *Hommage_*
Au_ Vin_ Fou...

Qui_ Te Catapulte...

Pour_ Te Ramener Sur

Terre...

X, Sabrer_ d'Un Coup

D'Esthète...

La_ Quête_ du Prosaïsme

... Quand_ Le_ Réel_

Est_ Poésie...

*X, Que Boire_ Rend_*

*Poète_*

Même_ d'Un Vin, Qui_

N'Est_ que Versets... ...

'AKA'

114.

Je_ Bois_ du_
Vin_
X, Je me Perds_ Dans_ La Danse...

*Dans_ La Dense_*
*Chorégraphie_*

*Des_ Ovations_*
D'Idylles_ Pourpres

Célébrées_ En, Poésie_

X, En_ Ivresse/s

Comme_ Les_ Oiseaux,

*Faisant_ La Cour_*
*Au_*
Printemps...

_ Comme_ Les Corolles_

*En_ Cercles_*

Concentriques...

Rappelant_ L'Univers,

Qui N'Existe Plus...

'AKA'

115.

Pourquoi_ Disserter,

Sur_ La Couleur_
De La Lune_?

Des Tonalités_ Ivoires_

Aux_ Parfums_ de Lys_?

Aux Nues_ Contrastées_

Jusqu'A_ L'Écume_ de,
La Mer...

*... Je Ne_ Sais_*
Plus_ que Dire...

... Je Ne_ Sais, Plus
*Quoi_ Faire_*

*Face_ A La, Nuit_*
*Qui Ne Dit Rien_*

Je_ Trace_ Une, Voie,
De Salut_

En_ Arabesques... ...

'AKA'

116.

Contemplant_ Le,
Désert_ Comme_ Omar,

*Je_ me, Verse_*
Sous_ ma_ Tente...

Une_ Liqueur_ Dont,
*Je_ Tais_*

Le Nom...

Puis_ Compte, Sur_ Mon_
Chapelet...

Des Perles_ Rappelant,
Les_ Grains de
Raisin/s...

Après_ Avoir_
Récité_
Quelques Poèmes...

*X Songé_ à La_*
*Saison_*
Des_ Gazelles... ...

Qui_ Courent_ En,
Abyme_ de L'Instant... ...

'AKA'

117.

A_ L'Instar_

De_

Shabestari_

Je_ Médite_ Sur,

Le_ Langage_ Interne, Des_
Choses...

Des_ Flots_
X,
Des_ Événements...

*Sans_ Jamais_ me_ Rendre_*
*A_ Autre_ qu'Au_*

Réel...

*Il_ Y_ A, Une, Corolle_*
En_ Horizon/s...

*Qui_ Produit_*
*Circumambulation/s_*

Autour_ d'Elle_ x, de, Son Parfum...

J'En_ Suis, Raide_
De Sérénité... X, de Paix.

118.

Je_ Respire_ Le,
Parfum_ des,
Corolles_

Comme_ Si, ma,
Vie_
En_ Dépendait...

Je_ Déborde_ de_
Joie_

De_ Vivre_

D'Être, Ivre_

L'Instant_

Clos_

X, Fleuri_

Du_ Paradis_ Jamais,
Conquis...

Mais_ Promis_ A_ Haute,
Dose_/s...

Aux_ Ivrognes_ X, Aux,
Poètes...

'AKA'

119.

Le_ Maître_
Mot_ Est, *Le Raffinement*
....

La_ Beauté_ des Jardins,
Aux_ Parfum/s_ de
Nuit/s...

*De_ Corolles_*

Sauvages...

X_ d'Essences_ Perdues

Entre_ L'Étourdissement,
De Santal_

X_ La, Mélodie_ du
Santûr...

*Esthète_ Des Principes_*
*Majeurs_*
D'Être, Ivre...

Je_ Vis_ Puis, J'Aime,

*Puis, Je_ Dors_ Les_*
Yeux_ Ouverts...

'AKA'

120.

Pour_ Un, Jugement,
A_ Peine_ Défini...

Pour_ Un Préjugé_
Qui_ se Met_ à L'Aise...

*Je_ Proclame_*
*Que_*
Le Réel_ Est, Un_ X_ Pas Deux...

Avant_ Que_ Le, Mal
N'Ait_ Son_ Érudition...

... A_ L'Aurore_ des
Marges_ Il_ Y_ A,
Un_ Astre
De_ Salut_ qui Se
Lève...

X_ Près_ des Roseraies_ Il_ Y
A_ Une_ Indécence_

Qui Fuit_

La Dignité_

Des_ Derviches...

*X, Qui_ Craint_ La, Pauvreté_*
Des Sages... ... !

121.

I/

J'Ai_ Appris_ A, Parler,
L'Arabe_ Sur Un Chemin
De Solitude...

Là_ Où_ Plus Rien_
N'Existe, Sinon_ L'Âme...

Les_ Versets_ Les, Plus
Exquis...

Ne_ Peuvent_ Être_ Tracés,
Qu'En_ Arabesques...

En_ Doigtés_ de Derviches,

*Des_ Jardins, Défrichant_*
Les_ Mauvaises_ Herbes...

II/

Le_ Monde_ Se Révèle Ivre,
De Calligraphie/s...

Comme_ Si, Je_ Parlais_
L'Arabe_ En,
Secret...

'AKA'

122.

I/

Tout_ Le, Monde_
Ne_ Peut_ Pas, Parler_
L'Arabe...

Moi_ Même_ Je Ne Le
Fais Pas...

Mais_ Quand_ Mon Frère,
me_ Parle...

_ Il_ Sait_ Quel Mot_
Il_ A_ à Dire...

Pour_ Que_ je Le
*Comprenne_*

Sans Avoir_ A Traduire...

II/

J'Ai_ Étudié_ L'Arabe,
En_ Buvant_ du Vin,
Assis_ Au_ Milieu_ d'Un,
Désert_ Clos_

...

'AKA'

123.

Comme_ Si_ L'Origine,
Du_ Martyr_

Se Perdait_ Dans,
Les_ Origines...

Le_ Temps_ Originel,
*Sans_ Origines_*
N'Existe_ Pas... ...

Fais_ Tu, Preuve,
D'Imprudence/s_

D'Un Trait_ Ou d'Un,
*Geste_*

Pour_ Dire_ que Celui
Qui Fut Choisi_

Pour La Potence...

*Ou_ Le, Désert_*

*Fut Celui_ Ci_*

Ou_ Un Autre... ...?

'AKA'

124.

Le_ Cœur_ Très
Innocent_

Parmi_ Les, Innocents

Peut_ Très, Vite_
Mal_
Tourner...

... *A L'Abri_ du Prodige,*
*Éprouvant_*

D'Avoir_ Pour_ Soi,

Un_ Jardin_ de Cœur,
Fermé...

Il_ Y_ A, Une Prière,

*Qui_ Esquisse_ Un_*
Désert...

Où_ Seuls_ Les Frères,
Avertis_

se Rencontrent...

... ...

'AKA'

125.

J'Ai_ Bu, du Vin,
Avec_ Deux Perses...

Autour_ d'Une Table,
Fleurie

X Garnie_

... J'Ai_ Marché_
Avec_ L'Un_

*Jusqu'A_ me Perdre_*
Dans Le Désert...

Avant_ que L'Autre,

Ne me_ Voit_

*X, Ne m'Appelle, Frère_*

Puis, me Dise...

*Sois_ Le Bienvenu_*
En_ Jardin/s_ Fleuri/s...

...

'AKA'

126.

Brave_ Les_ Essences
X, Parfums_

Éprouve_ Les, Tourments_ des_
Papillons...

Marche_ Pieds_ Nus,
Dans_ Le
Désert...

Au_ Point_ de
Connaître_ ce Qu'Être_
Un_

Veut Dire_

Jusqu'A_ Ressentir_
Les Mirages...

Te_ Prédire...

Un Verre_ de Vin_
Un Soupir_

Une_ Ivresse_ Vaut, Son_ Pesant_

d'Aurore/s_ X, de Lumière, ...

'AKA'

127.

Vêtu_ de Laine,
Grosse_

Une_ Crosse_
A_ La Main_

J'Arpente_ des
*Collines_ X, Dunes_*

Où_ Gambadent_ Les,
Gazelles...

Épris_ de Liberté

*Comme_ Elles_*

Je_ Brise_

*Le Temps_*

*X, Contemple_*

L'Horizon_ Venir,

A moi_

Un_ Instant...

'AKA'

128.

Allongé_ Sur,
Une Natte...

Entre_ deux Corolles_
De_ Lumière/s_

X_ Des Visions_
De Jardins_

Évanescents

*Je_ me_ Perds_*
*Dans, Un Verre_*
de Thé

X, Entrevois_

Un_ Vers_ d'Été_
X de_ Printemps_

Réunis_

D'Univers_

... En, Poésie/s...

... ...

'AKA'

129.

Omar_

Je Boirai_ du Vin,
En_ Pensant_

A Toi_

Comme_ Tu_ Buvais_
Du_ Vin_

En_ Pensant_ *A,*
*La Vie_*

Aux_ Versets_ X,

*Aux_ Fleurs_*

Ou_ à Un Peu_
De Terre_

X_ de Graines_

Qui Firent_ Le,
Pot_ de Vin

*Inspirant_ Les_*
Versets... X, L'Ivresse.

'AKA'

130.

On_ m'A_ Volé,

On_ m'A_ Berné_

On_ m'A, Tout Pris

... *Leurré_ Par_ des*

*Qalandars_*

*J'Ai_ Fini_*

Derviche...

Sans Autre_ Richesse
Qu'Un_ Peu_ de Vin,

Derviche_

X, Qalandar_ moi,

Aussi... ...

Ou_ Plutôt_ Poète...

X, Ivre... ...

'AKA'

131.

*Quelle Que Soit_ La Couleur_*
*des Reflets_*

Le_ Vin_ Reste,

Le Vin_

... Les Vanités_ Moins_
Présentes_

Que_ Les Grains_
De_ Sables_

Dans_ Le Désert...
... *Comme_ S'Ils_ Étaient,*
*Comptés_*

*Depuis_ L'Infini_*

*Sur_ Le_*

Chapelet_ du Temps...

... Comme_ s'Ils_ Étaient_
Perdus_
*A_ Travers_ Les, Phalanges_*
De_ La_ Brise... ...

'AKA'

132.

Les_ Joyaux_ Du,
Qalandar_

Sont_ Ses_ Versets.

Son_ Vêtement,
Rouge_ X,

Sa_ Chevelure_ Ruisselante...

Sa Barbe_ Hirsute_

Cache_ Une, Sagesse_

Recourbée_

*Tel_ Le_ Sabre_*

Dont_ La Pointe,

*A_ la Forme_ d'Un_*

*Cœur_*

'AKA'

133.

Entre_ La, Roseraie,
Du_ Prosateur_

X_ Le Jardin_ du,
Poète...

*Où_ Est, Le Bien_*
Où_ Est, Le Mal...?

Un Plan_ Courbe_

Une Ligne_ Une Droite

D'Un Point_ A, Un
Autre...

L'Univers_ Existe-T-Il_?

Qui_ Pourra_ Répondre_
A_ La, Question...

... ...?

'AKA'

134.

I/

Lorsque_ Je me
Confonds_ En Rêveries...

Je_ Célèbre_ Le
*Vin_ Comme_*

_ ʿOmar Xayyâm

... J'Esquisse_ La,
Beauté_ des Ghazals
Tel

_ Ḥâfez̤

*Je_ me Perds_ Puis_*
Trouve Mon Jardin
*De Fleurs_*
Comme

_ Saʿdi

*Je m'Etourdi_*
De Parfum /s_ X
d'Éthique_ Tel

_ ʿAṯṯâr

*X, J'Enlumine_*
*Les Contes_ Lyriques_*
A La Manière_ de

_ Neẕâmi

Puis, Je me Réveille,
*X, Marche_ Vers L'Oubli_*

du Lointain... ...

'AKA'

*Les_ Fleurs_*
*de L'Anonymat_*

Inspirent_ *Les Poètes_*
X,
*Les_ Musiciens_*

Adepte_ des Muses_
Je_ Soupire...

X, Je Bois_ du Vin... ...

'AKA'

135.

On_ Cache_ Toujours,
Son_ Secret_ En, Amour...

Les_ Tours_ d'Ivoire,
Ont_ des Donjons_
Sans_ Fin/s...

*Les_ Dragons_ Sont, Tombés_ Dans, Un_*
Sommeil_ Profond...

Loin_ du Prestige_ de
L'Asie_
Détenant_ Les Astres...

*J'Opère_ Un_*
*Retour_*
*Vers_ Le_ Néant_*
Le_ Plus, Pourpre...

Esquisse_ Un, Verset,
D'Audace_ Imprévu...

Pour_ Réduire_ Les, Prédiction/s_

Au/x_ Ras_ Le, Bol_ Rédhibitoire/s...

A_ Quelques_ Détails_
Prompts_ à_ L'Oubli_ *X, Plus...*

'AKA'

136.

L'Adepte_ des,
Versets_
Sait_ qu'On, Lui A_ Volé_
Son_ Art_

*Mais_ Le, Choralisme_*
*Des_ Lettres_ Opaque_*
Aura_ Son_ Dû...

A_ L'Instar_ de,
Nesimî_

X_ de Fażlu l-Lāh_

*Je_ Suis_ La Voie_*

*De_ L'Alphabet_*

Salvateur...

Les_ Lettres_ Ont,
Une_ Couleur_

Un_ Parfum_
_ Une Extase_

Qui_ Rappellent_ Les,
Pétales_ X, Les Corolles_
Couleur/s_ d'Aube/s...

... ...

137.

Quand_ On, Veut_
Guérir_
Il_ faut_ Cesser_ de Croire_
Au_ Mal...

Il_ Faut, Partir_
En_ Voyage/s_ Sans, Fin/s_
Sans Retour_

Vers_ La Qibla_ des_
Amours_ Perdus...

*... Une_ Fleur_*
*Sans Détours_ Aux, Atours_*
*Jolis_*

M'A_ Presque_ Pris_ Ma
*Vie_*

*En_ Une Terreur_*

Subtile...

J'Ai_ Appris_ Amoureux,

A_ Être_ Humble_ En,
Poésie/s de Corolle/s...

'AKA'

138.

_ La_ Voie, des, Poètes_
Est_ Celle_

Des_ Oubliés_ En,
Amour...

... Je_ Bois, Un Peu
d' Al Khôl_ X, de Sève/s

*Épris_ de Fleurs_*
*Je_ Médite_*

*X, Danse_*

Pour Croire_
Au_ Certain_

De L'Adoubement_
De L'Aube... !

Aurore_ Garantie_!

... ...

'AKA'

139.

Le_ Plus_ Honnête_
Ne_ Sait Jamais

Qui *Est_ Dieu_*

... Il Sait_ qu'Il Est
Difficile_ de
Marcher_ Sur Un, Chemin...

A_ L'Allure_ Où_
Le Vin,

Passe_ Pour_ moins,
Subtile_ qu'Il Ne L'Est_

*Les Ivrognes_*
*S'Occulteront_*

*Derrière_ Les Mélodies_*
*Des_*
Fleurs_ X, des Jardins...

Qu'Il_ Fasse_ *Soir_*
Ou_ Aube/s...

'AKA'

140.

Je_ me_ Fous,
Totalement_ de Danser,
Le Soir...

_ Ce que_ je Veux,
C'Est de L'Amour...

*Je_ Danse_ Pour de Rire_*

*Dans_ Un, Sérieux_*
*Gauche_*

*Avec_ la Maladresse_*
*De L'Ivre_ X, Soul_*
*Des Beaux_ Jours_*

Occultés...

Elle_ Fait_ Fleurir_
Des_
Bourgeons_

Elle_ Fait_ S'Épanouir_

Des_ Flamboyants_ de Perse/s...
X_ d'Asie/s, Doux...

...

'AKA'

141.

Je Bois_ du Vin,
En_ L'Honneur_
De_ La Fleur_

Les_ Gazelles_ Ont,
*des Bourrelets_*

Qui Exhalent_ *Un,*
Parfum...

Je_ Suis_ Comme_
Un_ Faon_

Puis, Comme, *Un Jeune_*
Daim Fou...

*Qui_ Court_ Après_*
*Le Temps_*

*X, La Liberté_*
D'Être_ En, Vie...

... Je m'Abreuve_ Aux, Rivières,

X, Je_ Médite_ En, Oasis...

...

'AKA'

142.

Quand_ La, Bonne,
*Foi_* X, *La Bonté_*
*De_ Cœur_*
Coûtent_ Cher...

Il_ Ne Reste, Plus
qu'A s'Asseoir_
X_ A, Boire_ du Vin...

Il Faut_ Vivre_

*Pour Faire Fleurir_*

Un Jardin_

*D'Eau_ Claire_ X, de Roses_*

... Il Faut Rire_

Pour_ Cesser_

De_

Mourir... Enfin...

... ...

'AKA'

143.

Pour_ Connaître_
Une_ Société_
Il faut_ Connaître_
Ses_
Bas Fonds...

La Fontaine_ N'Aime,
Pas_ qu'On Dise_
*'Je Ne Boirai_*
Pas de Son Eau...'

Le Zoo_ Est, Plein,
*d'Animaux_*

Étranges...

*Prêts_ A Débarquer_*

*Dans Un Art_ Subtile_*
*Du_ Déplacement_*

X, Une Science_ Profonde,
Du_ Terrorisme...

Alambiqué/e... ...

Pour_ Le Malheur, De Tous...

'AKA'

144.

Comme_ Un,
Derviche_

Un_ Pauvre, Type.
Un Métèque...

La_ Matraque_ du
Pâtre_ A La Main...

... Des Fleurs_ Sous_
Le_ Manteau...

*Je_ Parle_ Un Argot_*
De_ Gentillesse...

De Gentilhomme...

Sur_ Le Bord_
Du Trottoir...

.. *Une Flasque_ de Vin_*

X, Quelques Versets...

Promettent_ La Libération

Tant Attendue...
X, L'Espoir_ des Poètes... ...

'AKA'

145.

Mon Style_
Est, Gauche...

Un_ Jet_ de Gouache/s

Débarque_ Sur, Le_
Papier...

... *Feuilles_ de Riz_*

*Ou_ Papier de Soie_*

En_ Kalligraphie/s

_ X_ Maelström_ de
Lettres_

_ *N'Ont A Envier_*

Les Arabesques_

*Des Ḥurūfī_ Urbains_*

... Sortis_ de Nul_
Part...

Pour_ Rester_ Ici.

'AKA'

146.

*La_ Rue_*
*Est Chaude X, Tordue_*

Il_ Ne Fait_ Pas,
Bon_ s'Y_ Attarder...

*Vêtu_ d'Étoffes_*
*X_ de Bure_*

Je fais_ du Paysage,
Urbain_ Un_ Désert...

*... Je Cache_ Sous_*
*Mon Vêtement_*
*Obscur_*

Quelques Épices_
X, Fleurs_
Glacées_ Par L'Hiver
_ X L'Or/s...

... *Peut Être_ me Suis/*
Je_ Perdu

Pour Des Histoires_
De _ Traître/s_ Impasse/s_
Fleurie/s...

X_ Rosacée/s_ du Trépas...

147.

L'Orient_ En, Délicatesse/s__

*L'Asie_ Bénie_ Détenant_*
Les Astres...

Font_ de L'Arabisme/
X, de La Coupe_
De Vin...

*Une Lune_ Tranchée_*
Courbée_ En, Arc_ De Cercle...

Regarde_ Cet Astre/
Se Lève...

*Au_ Loin_ Les Dunes_*

*Relativisent_*

L'Ébène_ Ou, Rien_

*Le_ Subterfuge_*
*De_ La Suprématie_*
*Sans_*
Contraste...

X_ Corolles_ de
Fleurs_ Épanouies...

'AKA'

148.

Sur_ Un, Long_ Sofa_
Courbé_ Assis_

Un_ Livre_ A, La_
Main_

Orné_ de Poésie_

Je_ Voyage_
A_
Travers_ Mondes_
X_ Plans_
Parallèles...

*Encore_ Étourdi_*
*De_*
Beauté/s.....

*Comme_ Par_ L'Effet_*
*D'Une_ Fleur_*

Dans Un Narguilé_Drôle...

X, Je me Demande_

*'... Où_ Est La Limite_*
Du_ Songe_ X, du Danger...' ?

'AKA'

149.

Il_ N'Est_ Pas,
Donné_ A Tout Le
Monde_ d'être

Maladroit_

Un_ Peu_ d'Espace,
Esquisse_ Le, Respect

_ Je_ Vois_

L'Entrelac/s_

Des Corolles_
Concentriques_

*Procurer_ Au_*
*Derviche_*

*Un_ Peu_ d'Ivresse_*
X, de Rire/s_

... *Veux-Tu_* Boire, *Avec*
moi... ?

... ...

'AKA'

150.

Ô, Toi_ Vêtu_
De Noir_

… Ô, Toi_ qui Met_
Le_ *Sombre_ Au,*
Dessus_ du Sombre...

Je_ Suis_ Un, Enturbanné_ des_
Horizons_ Fleuris...

Nous Ne Portons_ Pas,
La_ Même, Étoffe...

Sois_ En, Sûr...

Entre_ L'Ébène_ X, Le
Tek_

Entre_ Le_ Tek, X L'Or/s...

*Je Ne, Suis Pas_*
De Ceux_ qui Pensent,
*Que_ La Nuit_*

Est_ Dans, Le_ Réel,
Une_ Obscurité...

Il_ Y_ A, *Un_*
Au_ Delà, de La Persitude...

'AKA'

151.

Qu'As_ Tu_ à,
Invectiver_ Le Sombre...

Quand_ Tu, Sais_ Que,
La_ Lune_Règne_
En, Majesté...

???

Saches_ Que_ Celui_
Qui se Drape_
D'Un_ Keffieh_

Par_ La, Grâce_
Fraternelle_ d'Un, Visage_
Sobre_

N'A_ Pas, à Se, Prononcer_
Sur_
Les_ Traits_ X, Les
Ombres...

Le, Soir_ A, des
Couleurs_ qui Ne se Disent
Point...

Je_ Veux_ Une, Étoile,
Pour, Vaincre_ Les Ténèbres...

'AKA'

152.

*Tragédie_ Amoureuse_*

*Courtoisie_*
*A/Mauresques_*

Paradis_ d'Arabesques_
De_ Fleurs_

Fontaine/s_ d'Elixir/s_

En_
Andalousie/s...

Je_ Suis_ Derviche_

_ *Ô,* Viens Par_ Le Temps...

*Chorégraphie_*
*d'Oiseaux_ Blancs_*

... Ou_ Colombes...

Les Cieux_ Sont,
Désormais_ Empourprés...

*Il_ Coule_ du Vin_*
*X. des Baies_ Sauvages_*
De La_ Lune... ...!

'AKA'

153.

L'Enturbanné_
Des Corolles_ de
Roses_
Pourpres_ d'Al Khôl

Fait Preuve_ d'Arabisme_

_ En_ Contexte,
Hostile_

*Je_ Me Confonds_*
En,
*Ivresse_*

*X Danse_ Sous_*
*La, Lune_*

Tiens_ le Toi, Pour
Dit...

Le_ Néant_ de Songes_
Est, d'Arabesques...

… ...

'AKA'

154.

Ô, Frère...

Tu_ Es, Un Homme,
Du_ Désert_

Tu_ Es, Comme_
Nous_

Tu_ Es_ Comme_
moi...

_ Tu Es, Comme_
Les Autres...

... Adepte_ des Dunes_

Du_ Sol_
Fertile...

J'Opte_ Pour
L'Ivresse_ Close...

X, Prône_ La_
Corolle.

'AKA'

155.

Assis_ Sur, des
Sofas,

Des, Sages_ Amplement_
Vêtus_

Évoquent_

Le_ Summum_
Artistique_ de L'Arabisme

_ *Puis_ Dissertent_*

Sur_ Les, Roses_

Le_ Sable_ des
Sens_

X, Les Colombes_
Libres_

Avant_ de Se_ Recueillir,
Sur Tapis_ Rouge/s...

Orné/s...

...

'AKA'

156.

Ne_ Doute_ pas
De L'Arabisme_
Des_
Horizons_ Ambidextres...

L'Art_ des Corolles_
A, Plus d'Un_ Mot_
A_ Dire_

C'Est_ Réel_ *d'Ecrire_*

En_ Arabesques_

*Sur_ Les, Lignes_*
*Du Temps_*

Propices_ Aux,
*Calligraphies_*

Que_ L'Imam_ du Raisin,
Se_ Tient_ A, L'Horizon

... ...

Je_ Prône_ Une, Ivresse_
Terrible_ Devant, Tout
Le Monde...

'AKA'

157.

Les, Mélodies_ de_ La
Lune qui_ Dodeline_

Je_ Les, fais_ Groover_
Délicatement_ En, Arabesques...

*Joue_*
*Du_ Oud_*
*De La Mandoline_*
*Du_ Luth_*

*Le_ Santûr_*
Provoque_ Les, Derviches_

*A_ Basculer_*
*Subitement_*

Dans_ L'Extase...

Les_ Corolles_ Sont, Pourpres,
X_ Sobres_ de
Bonté/s_

La_ Beauté_ Est_
Solennelle_
Selon_ *L'Adab... ... !*

'AKA'

158.

Argot_ de Derviches

Coquelicots_
D'Obole/s...

Opium_ de L'Art_

X, Art_ du Peuple

*... Parmi_ Les_*
Champs_ de Rêveries

*Sur_ Les, Monts_*
*X_ Collines_*
d'Émeraude/s...

La_ Distinction_ Entre,
Le Bien_ X, Le Mal_

Peut_ Faire_ Perdre_
La_ Raison...

Je_ Mendie_ Un Peu,
De Sérénité... ...

'AKA'

159.

Mon_ Frère_ m'A,
Tendu_ Un, Verre_ de
Vin_

X, La Fleur_ de, mon
Cœur_
S'En_ Est, Trouvée_
Empourprée...

*Mon_ Âme_ A_ Rejoint_*
Les Horizons, d'Azerbaïdjan

*D'Un_ Brin_ de Pétale/s_*
*Le Pakistan_ X L'Inde_*

Sont_ Beaucoup_ Plus,
Proches...

Aux_ Abords_ d'Une_
Source_ D'Eau_ Pure_
X, Claire...

J'Ai_ Bu, Avec, mon,
Frère_ X, J'En_ Suis_
Guéri... ...

'AKA'

160.

J'Ai_ des_
Calligraphies...

_ Qui_ Procurent_

L'Ivresse...

... J'Ai_ des Poésies_

Qui_ Valent_
Un_ Verre_ de Thé...

La_ Coupe_ d'Al
Khôl_

Est_ Un Poème_

Ciselé...

Le_ Souffre_ Le,
Plus_ Pourpre_

Un_ Tracé_ de Lettres_
d'Estime/s...

... ...

'AKA'

161.

I/

Que_ Le, Vin_
Soit_ Poétique_ Ou
Qu'Il_ Ne, Le Soit_
Pas...

Ne M'Emeut_ Autant,
qu'Un Soupçon de
Traîtrise...

.. J'Ai_ Vu_
En, L'Un_

de_ La, Colombe_
Éprise_

J'Ai_ Vu_

En,
L'Art_ Écrit__ de_ La
Poésie_

Les_ Raisons_ de,
L'Ivresse_

Les_ Raisins_ de_
L'Atroce_

Douleur_ de Vivre_
D'Al_ Khôl_

De N'Avoir_ Plus_
Rien, que des Plumes...

X, L'Acidité_ Pour, Horizon

'AKA'

II/

La, Colombe_ A,
Envie X Rêve_ d'Être,
Libre_

En, Vie, Encore_
Elle, Succombe_ A_ Un
Cœur_ Doux...

'AKA'

162.

Les_ Battements_
d'Ailes_

De_ La, Colombe...

X, Ses Yeux Exquis_

... Sont_ Le, Paradis_

De_ Ceux_ qui_
N'Ont_ Rien...

_ Je_ Suis_
d'Avis_

De_ Laisser_

Le_ Vin_ de Côté_

Pour_ Une Coupe_
de Versets_

Aux_ Pieds_ X,

Césure/s_ de_ Pourpre/s... ...

Perles_ d'Émeraude/s
En_ Son Sein_ Pour_
Audace/s d'Or/s_

'AKA'

163.

Le_ Plus_ Humble,
Des_ Hommes_ A, *L'Âme_*
Digne_ de Confiance_

Pour_ Marcher_ Dans, Le_
Désert_ Il_ Faut,
Avoir_ Un Cœur_ Pur.

Pour_ Gravir_ Le, Temps_
Du_ Néant_ de,
Sable/s_ Empourpré_

*Il_ Faut_ Avoir_ Erré_*
*De Longues_ Années_*

X_ des_ Heures...

Je_ Veux me Recueillir_
Au_ Milieu_ des Colombes_

Sans Savoir_ Seulement,
Pourquoi_ Je Prie_

Sans_ Médire_ Seulement,
Un Seul_ Instant_

*Sur_ Le Trône_ L'Estime_ L'Amin_*
X_ L'Amen...

'AKA'

164.

Je_ Peux_ Écrire_
Des Poèmes_

Sans_ Boire, Une_ Seule,
Goutte_ de Vin_

Je_ Peux_

*Évoquer_ Le Vin_*
Sans_ Floricide... ... !

D'Une_ Couleur_ A,
Une_ Autre_

D'Un Destin_ qui N'Est
Tiens_

La_ Nuit_ Ne_
Succombe_

Sans_ Être_ Lune_
Sans _ Être L'Autre_

De L'Horizon_
Un_ X_ Unique...

Du_ Keffieh_ Rouge_
De_ Raisin/s_ Fier/s...

'AKA'

165.

C'Est_ Le, Lot_ des
Derviches_

Que_ de, Marcher_ *Sur_*
*Un, Chemin_ de Miséricorde_*

*X, de_ Compassion_*

A_ L'Appel_ du Plus_
Humble_ des Hommes_

Il_ N'Y_ A pas de_
Traîtrise_

Plus_ Sombre_

Que_ de Voir_ Dans_
Le_ Verre_ de Vin_

Autre_ Chose_ Que_
Le_
Néant_
Abscons...

'AKA'

166.

Il_ Vaut_ Mieux,
Avoir_ Tort_ que d'Avoir_
Raison_

Malgré_ Les_ Saisons_

L'Horizon_ Est, Un_

*C'Est_ Un, Gredin_*
Souvenir_ Grenadine...

Que_ de N'Aller_ Jouer,
Dans_ La Rue_

Quand_ Une, Voix, Sibylline_
T'Appelle_

*Il_ Ne Faut_ Répondre_*

*Qu'_A_ Ceux_* qui, Se, Taisent_

*X_ Savent_ Écouter_*

*Avec_ Le, Cœur_*

Il_ Faut Croire_ Pour_
Aimer_

X_ Faire_ Fleurir...

167.

Danse_ Ô, Derviche

Ô_ Derviche_ Danse,

ô, Danse...

... Calligraphie_ d'Un_
Geste_

La_ Gloire_ de_
L'Ineffable_ Sur, Son_
Trône_

Il Y_ A, Un Coup_
De Pinceau_ Pour_
Esquisser_
Les_ Fleurs_ du Vide...

Il_ Y A, Un Pas_
De Danse_ Gauche_

Pour_
Exalter_

Qu'On Ne
Brade_ Pas L'Art...

... ...

'AKA'

168.

I/

IL_ Y, A_ Une Fleur_

Au_ Delà du Piège_

... Il_ Y A_ Un,
Piège_
Qui_ Fleurit_ Aux_
Abords_

De_ La Pureté_

Incomprise_

... Sans_ L'Un_ *Ni_ Seul_*
Prodige_

_ De L'Instant_

Passé_
Qui Ne Reviendra_

_ Plus_

… Assis_ Sur_ Un_

Tapis_
En_ Tailleur_
Je_ Contemple_ Le,

Rien_

Prendre_ La_ Forme_
D'Une Fleur_

Qui_ Le Destin_ A_
Vaincu…

AKA'

II/

Mon_ Tapis_ Est,
Orné_
d'Arabesques_

J'Y_ Entrevois_

Les_ Fleurs_

Du Néant… …

'AKA'

169.

Quand_ On_ Perd_
Ses_ Origines_

On_ Ne *Les_*
Retrouve_ Plus...

As Tu_ Une Terre_
Sur_ Laquelle_

Poser_ Tes, Pas...???

*Pour_ Marcher_*

*Vers_ Un_*
Horizon... ...???

Mieux_ Vaut_ Avoir_
Tort_

Que d'Avoir_
Raison_

*Mieux_ Vaut_ L'Oraison_*
*Des Raisin/s_* de,
L'Absence... ...

De_ Danser , *Ivre... ... !*

'AKA'

170.

On_ A, Gardé_
Quelque_ Chose_ du_
Parfum_ des Fleurs...

X_ de L'Esquisse_
Du_
Mouvement_

des Astres_

Autour_ de La Lune_

... Mais de L'Égypte_ X
De Babylone_

Le_ *Néant...*

... Mais de L'Égypte_ X
De Babylone_

Le_ *Néant...*

X_ Bien, Encore...

... ...

'AKA'

171.

*Aux_ Abords_ du_ Vide_*
Sont_ Les Fleurs_
de Pourpre/s_ d'Or/s_

A_ L'Orée_ de_ L'Heure_
Les Floraisons_
Des_ Dunes_ de_
L'Instant...

Propice_ A, Danser_

Jusqu'A_ Se_ Perdre_
En, Ivresse/s_

*L'Art_ du Cœur_*
*Éprouvé_*

*Est_ La_ Détresse_*
*De_ L'Azur_*

*Où Le Pourpre_*
*Rejoint_ Le Cyan_*

Le_ Sang_ X, Les Plumes_

Les_ Masques_ Géométriques_

Face_ Au_ Néant_ Qui Signe_

L'Horizon_ des Vaincus...

172.

Un_ Sabre_ X, Une_
Fleur_

Un_ Parfum, X, des
Fracas...

*Les_ Dunes_ Tranchées_*

*En_ Deux_*

*_ Un Cortège_ d'Oiseaux_*

*Pourpres_*

*Des Colombes_ Élégantes_*
*X_ Pieuses_*

... Je_ Les_ Ai, Vus

Puis_ Je me Suis_

Perdu_

J'Ai_ Commencé_ A_ Tournoyer_

Puis_ J'Ai_ Dansé, *Ivre_*
Sur_ Les Lignes_
Du_ Temps...

'AKA'

173.

*Quand_ On Vit_*
*Son_*
Propre_ Groove

Quand_ On Vit,
*Le Groove_*

*De La Musique_*

... Le Groove_ des Sentiments...

On_ se Met_ à Danser

X, Plus_ Rien_
N'Est_ Comme_ Avant...

Je_ Suis_ de Ceux_ Qui Vivent_ Ta_
Mélodie_

Ô, Santûr...

Ô, Oud_ ... Ô, Tombak...

Je_ Suis_ Celui_
Qui Danse_ Avec_ Le Vent_

Gauchement...

Ô, Ney...

174.

Les Origines_
Sont_
Celles_ que Tu As_
Voulues...

Pas_ Celles_ qu'On_
A_ Choisies_ Pour_
Toi...

Tu_ As_ Fait_ Un,
Pas_ vers_
Ceux_ que Tu Aimes...

... *L'Amour Te_Donnera_*
*Raison_*
Dans_ Ton_ Tort...

Là_ Où_ Les Fleurs_
Viennent_
Éclore_

à Ceux_

Dont_ Le Cœur_ s'Envole.

... *Beaucoup_ Plus Loin_ !*

'AKA'

175.

Le_ Vin, m'Emporte_
Aux_ Confins_ de_
L'Aurore...

Je Suis_ *Beurré_*
De Calligraphies_

Noire/s...

L'Al_ Khôl_
M'Arabise_ *Même_ Pas*
*Pour_* Un_ *Marron...*

Je_ Danse_ Entre_
Deux_
Lignes_ *Courbées_*
*En_*
Arc_ de_ Cercle///

... ...

[*Grand X, Altier... ...*]

[Serein X, Bon]

[*La Coupe, Interdite...*]

'AKA'

176.

L_'Al Khôl_
Est_ Hors Pair_
En_
Calligraphies_

De_ Cercles_
De, Corolles_

Concentriques_

Pourpres_

Le_ Velours_

Doux_
Excentrique_

De L'Extase_

*_ Est, L'Excuse_*

D'Être_ Kool_ En, Couleurs_

Transpercées///

X, Aquarelles...

'AKA'

177.

Torché_

*Arlequin_*

Exquis_

Trompé_ de_ Vision/s

... *J'Ai_ Pris_*

*L'Horizon_ Pour_*
*Un Cru_*

*Noir_*

X, Millésime...

X, Sur_ Le_ Bord_
De La Route_

Je_ Sais_ Désormais_

Que Ça N'A_ pas de
Sens...

L'Essence/s_ des Parfum/s, m'A_
Vaincu...

'AKA'

178.

Face_ Aux_ Griffes_
De_ L'Amour_

Je_ Ne_ Suis, Pas,
Scarifié_
A_ Tes_ Yeux...

Mais_ Je Le Suis_
Aux_ Yeux_ des_
Sages...

*... Dans_ La Prison_ X, Le_*
*Ghetto_*
de_ La_ Gravité...

... J'Esquisse_ *Un_*
*Sermon_ D'Horizons_ de_*
*Prêches_ Pourpres_*

Sur_ Le Minbar_
Ocre_
Orné_ d Arabesques...

*Autre_ X, Imam_*

*_ Apôtre_ du Raisin_*

Je_ Vis_ Pour_ L'Aube/s...

179.

*Épris_ de Fleurs_*
Je_ Démontre_ Le

Non – Sens...

*Au_ Creux_ de_*
*L'Impasse_*

*J'Ai_* Appris_ à, me
Taire_

J'Erre_ d'Ère_
En_ Clarté_

_ De, Clarté_
En_

Chorégraphies_

D'Oiseaux_ Libres_

Autour_ de, La
Qibla du Cœur...

*X_ de L'Aurore_* des_
Songes_ Brisés...

… ...

'AKA'

180.

Si_ Tu, Sais qui
Je Suis_

Moi, Je Ne Le_ Sais,
Pas...

Je_ Bois_ Je Bois_

X, Ça N'En_ Finit_
Jamais_

Je_ Tombe_ Ivre,
Mort_

Sur_ Le, Carreau_
De_ L'Absence...

Je Monte_ Au_
Summum_
De_
La_ Corolle_

X, de_
Sa_
Limite...

'AKA'

181.

L'Horizon_ du Néant,

Régit_ L'Astre_ X,
Son_ Anneau...

Les_ Orbites_ Les,
*Mouvements_*

Comme_ Une, Symphonie

De_ Spirales_
A_ Travers_ Les Temps_
X,
L'Espace...

La_ Musique_

Harmonise_ Les,
Sphères...

La_ Mélodie_

*Met Fin_ A_ L'Existence_*
Du_ Monde...

Comme_ Un, Tournoiement_

Tonitruant_
De_ Volutes_ de Cuivre...
Des Régions_ Stellaires...

182.

Ce_ Dont_ Le,
Cœur_ Ne Veut Pas,

Il_ Ne, L'Accepte_

Pas...

Même Sous_ La, Contrainte_

Même_ Par, La
Force...

*_ Tranché_*

*Par_ Le Sabre_*

*Courbé_*
Des_ Sentiments...

Il_ Vole_ En, Éclat_

... X, Les_ Pétales_
Se_
Confondent_

Avec_ L'Horizon...

X, Le Début_ de La, Brise...

'AKA'

183.

Entre *Al_ Khôl*

Vêtements, Amples_

X, Structures_ de,
Rimes...

Qui_ A Dit que Le
Derviche_ *N'Etait_*
Pas_ Soul...???

Qui_ A_ Dit_
Que, *Le_ Maure_ N'Etait,*
*Pas_*

*Vêtu_ du Blanc_* des
Lys_???

En_ Ivresse...

_ Il faut_ Être_
Esthète_ des Horizons_
De L'Âme_

Pour_ Être_ *En Quête_ de*
*La_ Guérison_ des Cœurs_*
Meurtris...

Par_ Calligraphies...

... ...

184.

Je_ Suis_
Le_
Frère_ de L'Exilé...

Je_ Suis_ Le, Frère_ de L'Oubli...

Le_ Pardon_ A_
Connu_

Des_ Difficultés...

En_ Termes_ d'Amitié/s_

De_ Songe/s_ X, de
Soupirs...

*A_ L'Instar_ D'Ibn Haytham_*

Je_ N'Esquisse_ que,
De_ Jolis_ Poèmes_

De_ Visions...

*Caméra_ Obscura_*

*Hallucinations_*

*X, Horizons_ Abscons_*
Du Néant_ de Songes...

185.

Les_ Tendres_
Accalmies_

Des Calligraphies_
De_ Jardins...

Produisent_

En_ Éclaircies_

D'Éclipse/s...

Des_ Fractales_
D'Aurores_

X, de_ Parfums_
D'Aube/s...

Pour_ Le, Repentir_
Béni_ des

Âmes_ Libres... ...

*... Il_ Fait_ Bon_*
*Se_*
Promener_ En, Ces Jardins...

Qui_ Font_ du Bien, Au, Cœur.

'AKA'

186.

Entre_ Free Jazz_
X,
Arabisme/s...

Entre_ L'Art_ Subtile_
De Boire_ du_
Vin_

X, Les Horizons_
Abscons_

Des_ Profondes_ Idylles...

Y-A-T-Il_ Un,
Paradis_

Qui Dit_ que_
Les_ Terrains_ Conquis_
Ne_ Sont_ des_
Dunes...

???

*A_ L'Abri_ du_*
Martyr...

J'Entrevois_ La,
Corolle_ de Mon, Cœur...

X, Je_ Vis...

187.

*Qui_ A, Vu_*
*L'Ange_ des Cimes_*
*De_*
*L'Ivresse_*

Sait que L'Arabisme_
*Est Une Science_*
Profonde_ de
Clarté...

Je_ Fais_ Preuve_

D'Art_ Lettré_

Je_ Suis_ Arabe_

X, Pas *Noir_*

De

*Prunes_*

Mais_ Les, Yeux_
Bien_
Sertis_ de Khôl_

Par_ L'Al_ Khôl_

_ Esquissé...

///

188.

Le Nègre X Le Zéro

Depuis_ l'An Zéro

Depuis_ Les Temps_

Révolus...

... *La Dense_*
X Brave
Recherche *du Miel_*

N'A pas_ Été Vaincue !

_ Danse !
Sous Ta Peau de Bête_ !

Rassuré... x Frais...

Personne N'a Vu
Ses Ancêtres_

Transpirer_ !

Nègre, n'Est pas Noir_ /*_Noir n'Est Pas Nègre...*
Impossible N'est Pas Sensé,
Censé, n'Est Pas Sincère... !

///

189.

Par_ La, Rose Arabe_
Qui_ A, Vaincu_
Le Temps...

Par_ Les, Arabesques_
Noires_
Qui_ Échappent_ à La Mort...

L'Amour_

S'Exprime_ En,
Poésie/s_

Les_ Fleurs_
Autour_

Du_ Cœur_
Du_
Parricide...

Verront_ Les Âmes_
Simples_ Jouer_

Dans_ Les Jardins_
De La, Vacuité_

X_ Du, Néant_ Reverdi/s...

/// 'AKA' ///

...

Le Mensonge
& La Danse...
Texte Thématique/

*Qui T'Interdit_*
Te_ Dis que Tu N'As_ Rien Fait...

La Coupe de Vin_ Que,
J'Ai_ Bu_
*Je_ L'_Ai_ Arraché_*
A Prix d'Aurore/s... ...

*X_ de Rire/s_ de L'Aube/s_*

X_ de L'Ivresse_
Des_ Jardins... ...

'AKA'

Invité_ Par_ Le
*Parfum_ des Fleurs_*

Je Danse...

... *Étourdi_ Par_ L'Arôme_*
Des_
Corolles_ Je
m'Enivre...

///

'AKA'

I/

Invité_ Par_
Le Parfum_ des Fleurs

Je_ me Perds_
Entre_ Le Mensonge_

X, La Danse_ Sans
Fin/s..

Je_ Navigue, Ivre,
Sur_ Le Chemin_

De_ L'Oubli...

Puis, Trouve_ Ma,
Voie_ En, des Flots_
d'Ivresse/s_ Drôle/s

...

II/

Qui_ Fut L'Auteur_
Du Premier_
Crime...

???

Celui_ qui Cueillit_
Une Fleur_

Ou_ Celui_ qui_
Cultivait_ La Vigne

... *(?)*

Il_ Y_ A, des
Rosacées_

Aux_ Pieds_ des
Sarments...

Il_ Y_ A, des Faons,
X des Biches_ Sur_
Les Collines...

Pourpres...

III/

Sur_ La Voie_
De_ La Rencontre_ Avec,
Soi_ Même...

Le_ Non, Soi, A_
Son_ Mot_ A, Dire...

Même_ Petit_ X,
Insolite_

Même_ Imprévu_ X,
Drôle_

... Le_ Soi/Supérieur_
A_ Une Silhouette_
Dangereuse...

Il_ Est, Vêtu_
Tel_ Un_ Homme_ Marchant,
Sur_

Le Droit_ Chemin...

X, Prompt_ A_ Prier...

IV/

Ce_ N'Est_ Pas_
Parce_
Que_ Tu_ N'Es pas de
La Même Couleur

Que, Moi_

que Tu N'Es_ pas
Mon Frère...

!!!

Qui_ Est Né_ Avant,
Lui...

Qui_ Est, Né_
Avant_ *L'Autre...*

Je Ne T'Ai_ pas_
Vu_
Pour Ignorer_ ce qu'Il_
faut Taire...

Le_ Secret_ de L'Amour,
Est_ d'Être_ à Jamais_
Perdu...

V/

Comment_ Vivre...

Comment_ Vivre_

Encore...???

Je_ Le Sais_

Il_ me faut_ Être,
Ivre...

Lire_ dans L'Orée_
L'Or/s_
Des Aurore/s_ X Aube/s

Je_ Bu_ du Vin_

X, Je_ Su_ que J'Etais_
Libre...

X, Soul_

VI/

Entre_ Le, Mensonge,

Et La Danse Sans Fin/s_

Les Fleurs_
Par_ Leurs Parfums,
M'Invitent_
A_ Tournoyer...

Comme_ Un, Cortège_
d'Oiseaux_

Une_ Constellation,
D'Écrin_

De Lettres_

En_ Poésie_

S'Appelle_ Rose...

… ...

X, Corolle_ de Pétales...

VII/

J'Ai_ Perdu_
Mes_
Origines_

Mais_ Il, me Reste
Les Fleurs_

J'Ai_ Perdu_
La Signification_

Mais_ Je, N'Ai, Plus
peur_ de L'Art_

Dans_ Le Désert_

Il_ Y A, Toujours,
Un Frère_

Pour_ Tendre_ La, Main_

A_ Celui qu'On Appelle_ Autre...

Dans_ Le_ Désert_
Il_ Y A Toujours_ Un, Parfum_
Pour Faire Luire_ Un,
Cœur_ Solitaire...

/FIN/. /// 'AKA'

Bio X Infos
Bio/Contacts/Liens
Infos/Bibliographie/s

Les Pétales
Virevoltent
Avec Le Vent_

*Le_ Parfum_ Esquisse_*
Les Soucis_ Sincères...

Le Corollaire A Sa Corolle.
*Le Bouton de Fleur_*
N'A Point d'Ami... ...

'AKA'

Cueillir_ Une Fleur,
Unique.
N'En Pleurer qu'Une Seule Fois...
Voilà ce Que Croire,
Veux Dire_ !

L'Ivresse_ Est, *La Religion_*
de L'Ivrogne_ des Fleurs... !

'AKA'

Bio

AKA Louis est un Poète et Créateur de Dessins Artistiques, Auteur d'Opus Poétiques Littéraires, Audio et Visuels. AKA Louis publie régulièrement de nombreux ouvrages, parmi lesquels, des Recueils de Poésie, évocateurs, et rafraîchissants, ainsi que quelques Recueils d'Esquisses Couleur, accompagnés de Textes liés à des thèmes forts et inspirants.

Les Dessins Artistiques d'AKA Louis, sont des Créations qu'il nomme 'Esquisses Colorées', et qui se situent entre le Dessin et la Peinture...

Pour exprimer et partager, son goût d'une Vie Intérieure fleurie, et positive, AKA Louis utilise les Feutres à Alcool, Les Pinceaux, L'Encre de Chine, et toute une variété de pointes fines et biseau traçant la Beauté du Monde, et l'Originalité saisissante de l'Art de Vivre authentique.

Les Œuvres Graphiques d'AKA Louis tendent, en partie, à se diriger vers la Peinture sous une forme expressive et abstraite...

Le Nom de Plume d'AKA Louis, fait d'abord référence, par Jeu Phonétique, au vocabulaire Japonais, mais peut aussi s'interpréter selon une lecture originale de différentes Langues Orientales.

On y retrouve les Notions de 'Frère Ainé', d'émotions liées à la Couleur Rouge, à la Clarté et à la Lumière, ainsi qu'à l'Ivresse, à la Marge et au Plaisir de Vivre. AKA Louis est également Musicien et Lyriciste sous un autre nom d'Artiste, en tant qu'Auteur, Compositeur, et Interprète de nombreux Projets Musicaux.

Contact

akalouis.plume@yahoo.fr

- Liens -

Twitter

@AKALouisPoete
https://twitter.com/AKALouisPoete

Facebook

https://www.facebook.com/akalouisecrivain/

YouTube

Chaîne :
AKA Louis/Poète x Illustrateur

Tumblr

http://akalouisecrivain.tumblr.com/

AKA Louis/*Silent N' Wise*

http://akalouis.silentnwise.com/
www.akalouisportfolio.silentnwise.com

Ouvrages de l'Auteur
(Liste Non-Exhaustive)

Les Axiomes Démasqués
(Recueil de Textes et Nouvelles) (2015)
(...)
Le Recueil D'Esquisses Colorées
(63 Croquis Colorés et 7 Textes Poétiques)
(2017)

(...)

The Colored Sketches Collection
(63 Colored Sketches And 7 Poetic Texts) (2017)

Derviche/s
(Portraits d'Anachorètes en Peinture/s)
(2018)

Dervish/es
(Portraits of Anchorites in Sketche/s)
(2018)

Le Frère
(Salutations à Mes Frères en Ivresse/s)
(2018)

Ô, Rose Noire d'Iran
(Pèlerinage Vers L'Unité
Interne de La Beauté)
(2019)

Vision/s
(Éloge de L'Intuition Pure et de La Vision Interne Sans Formes) (2019)

Le Disciple de La Colombe
(Une Œuvre Poétique En Hommage à Malcolm X) (2019)

La Proclamation du Raisin
(Manifeste Poétique d'Ivresse/s & de Délivrance) (2019)

La Rose Andalouse
(Patchwork de Poésie x de Culture/s)
(2020)

La Coupe de Vin & L'Arabisme
(Ou La Voie Poétique des Lettres & des Versets)
(2020)

L'Origine du Martyr
(Entre Le Mensonge & La Danse, Sans Fin/s...) (2020)

Audio x Vidéos
(Opus Sonores x Visuels)

Films Poétiques
(s/ YouTube)

POEMes CRISToLIENs #1
(Créteil, La Cité De L'Aube, Part 1 x 2)

POEMes CRISToLIENs #2
(Peinture Murale, Part 1 x 2)

Un Poète...
(Esquisses de Déclamation/s Poétique/s)

Les Poèmes d'AKA – Série de Vidéos

ô, Rose Noire d'Iran/ *La Déclamation...*

Le Disciple de La Colombe
– *L'Éloge... (A Paraître...)*

La Coupe de Vin & L'Arabisme
(Un Film d'Art & de Poésie)
(A Paraître...)

Opus Audio
(s/ Bandcamp)

POEMes CRISToLIENs #1
Créteil, La Cité de L'Aube

POEMes CRISToLIENs #2
Peinture Murale
/Un Hommage Au Graffiti

Corolle/s

ô, Rose Noire d'Iran/ La Déclamation

Entre 2 Indes

AKA Louis - Conseils de Lecture /1
(Introduction x Aperçu)

Mes Meilleurs Ouvrages Sont mes Recueils de Poésie. Ce sont les seuls que Je Conseille, aux Lecteurs, désireux, de connaître ma Littérature. Les plus Notables sont, mes derniers Ouvrages, depuis 'Le Recueil d'Esquisses Colorées'. Les Ouvrages Antérieurs Sont Moins Réussis. 'Ivresse de l'Eau', qui évoque le Temps Originel, comme une bonne part de mes livres, de manière plus ou moins évidente, est un Livre intéressant, mais il contient des maladresses, tout comme 'Origine/s', qui reste un Ouvrage audacieux. Mes autres Travaux sont plus ambigus, en termes de valeur littéraire, et d'interpellation du lecteur, selon moi. 'Les Axiomes Démasqués', m'ont valu d'excellents commentaires, et critiques de lecteurs, captivés par sa narration, et sa singularité, mais sa syntaxe, et son esthétique formelle, reste pour ce qui me concerne, plutôt, inaboutie… C'est un livre, particulier, que J'ai écrit, pour régler, une dette, que J'avais envers la Vie… Je ne le conseille pas nécessairement, mais, il reste disponible à la lecture. 'Asymétrie Paradisiaque', et 'Ballade Anti/Philosophique', ne sont plus disponibles depuis le mois de Mars 2018…

AKA Louis,
Poète X Illustrateur.

AKA Louis - Conseils de Lecture /2
(Les Meilleurs Ouvrages)

Les ouvrages publiés à partir du 'Recueil d'Esquisses Colorées' seront a priori d'un intérêt littéraire plus solide que mes tout premiers travaux poétiques, mais aussi d'une maîtrise plus aboutie en termes de proposition littéraire. 'ô, Rose Noire d'Iran' est, dans le fond comme dans la forme, un de mes meilleurs projets. Voici, dans un ordre aléatoire, une liste de mes ouvrages les plus incontournables :

'Le Recueil d'Esquisses Colorées'
'Derviche/s'
'Le Frère'
'Ô, Rose Noire d'Iran'
'Vision/s'
'Le Disciple de La Colombe'
'La Proclamation du Raisin'
'La Coupe de Vin & L'Arabisme'
'L Origine du Martyr'

Nos Ouvrages Publiés Depuis 2019,
Sont Les Meilleurs, Les Recueils de Dessins,
Mis à Part, Pour Les Opus Importants...

Par_ L'Argot_ des
*Derviches_ Calligraphié_*
En Silence/s...

*A_ La, Prosternation_*
De_ L'Aurore_
J'Entrevois_ *Les Corolles_*
Du_ Vin...

'AKA'

*J'_ Ai, Maîtrisé_*
*Ma_ Gaucherie_* Par,
Un Verbe_
*Calligraphié_*

En,
Dehors_ du Temps...

'AKA'

AKA
Louis
L'Origine
du Martyr

*Je_ Suis_ L'Imam_*
*Qui_*
*Siège_ Sur_*
Le_ Minbar_ de,
L'Ivresse...

Le_ Sol_
Est_ Jonché_
De_ *Corolles...* ...

Je, Parle_ *Aux, Mondes,*
Qui_ N'Existent, Pas...

'AKA'

Le_ Parfum_ Le Plus_
Doux_ Naît_
De L'Amertume...

Dis_ Frère...
Où_ Sont Tes Larmes_
De Joie... ?

Il_ Y_ A, Une Fleur_
Pour_ Azur...

'AKA'

Je_ Suis_
Adepte_ En, Corolle/s_

Les_ Visions_ de,
Désert_ qui_
Désolent_

Ont_ Mûri_

En_ Pétales_ X, En_ Parfum/s...

'AKA'

Les_
Arabesques_

*Ont_ Assagi_*
*Les_*
Panthères_ Noires..

Voici_ L'Aube/s... !

_ *Un Instant_* de Plus_

*X, Nous_* Sommes_ *Libres...*

'AKA'

*Du Chant_ de L'Amour_*

D'Un_ Oiseau_ A, L'Autre.
*Les_ Mélodies_*
S'Entremêlent...

Les Fleurs_ Jaillissent_
Des Bourgeons...

'AKA'

/// 'AKA' ///

*Je_ Ne Cherche_*
*Pas_* La, Cohérence...
_ Je Frappe_ *d'Une, Plume,* Pourpre_

L'Encre, Est, Rouge_!

'AKA'

J'Ai_ Le_ Cœur_

Marqué_ Par_
L'Ivresse...

... J'Ai_ Appris_ à Vivre_
X, A_ Aimer...

///

AKA'